はじめて検討する税理士のための

賃貸不動産の法人化マニュアル

論点整理と税務の基礎

第2版

税理士
岡 隆充［著］

税務経理協会

改訂にあたって

令和5年3月に「税理士のための賃貸不動産法人化マニュアル　論点整理と税務の基礎」初版を刊行しました。不動産賃貸業を営む個人のお金の問題や税負担を解決するために昔から用いられている手法ですが、税務を含め総合的な判断が必要です。そのため、賃貸不動産の法人化を検討・実行しようとする不動産オーナー、不動産オーナーを身近に支える税理士の皆様のお役に立てるよう、法人化に関連する論点を網羅的にわかりやすく伝えることを念頭に置いて執筆しました。

その後、令和5年10月1日から開始したインボイス制度や令和6年1月1日以後の贈与税改正、分譲マンションの評価方法の変更など、初版の刊行以降に新たな税務上の取扱いが出てきました。今後、不動産の法人化を検討・実行するためにはこれらの税制改正項目も頭に入れてプランニングする必要があるほか、より複雑な判断を求められるケースも出てくることが予想されます。そのような不安を少しでも解消いただくために、法人化の検討・実行に関係する税制改正の項目を追加しています。

不動産の法人化を検討する際には、どうしても導入部分がフォーカスされます。一方で、法人を設立した場合には、個人の相続や法人の事業承継についてもきちんと対策しておかなければなりません。初版においても、相続や法人の株式評価方法については触れていますが、今回新たに合同会社の承継に関する項目や不動産M＆Aなど、出口に関する項目を追加していますので、法人化の実行後の相続・事業承継に関して家族が何らかの不利益、不都合が生じないように最低限の知識を備えておく必要があります。

本書を通じて、不動産賃貸業を営む不動産オーナー、身近で支える税理士や不動産関係者の皆様のお力になれることを願っております。

2024年5月

岡 隆充

はじめに

不動産賃貸業を営む不動産オーナーは数多くの悩みを抱えています。「どのように安定した賃貸経営を続けるのか」、「大規模修繕にどう備えるのか」、「後継者にどのように引き継げばよいのか」、その中でもお金の悩み、税金の悩みというのは不動産オーナー共通の悩みではないでしょうか。「少しでもお金を残したい」、「税金を低く抑えたい」というのは誰しもが考えることだと思います。

そのような悩みに対して、法人を活用した節税方法があります。法人を上手く活用し所得を分散することができれば大きな節税効果が得られることから、法人を活用した節税スキームは昔から多く行われています。昨今、インターネット上では不動産の法人化に関する情報が多くみられるためご存じの方も多いかと思いますが、そのような情報においては、メリット面ばかりが強調されているものも多く見受けられます。法人を活用したからといって必ずしも十分な節税効果が得られるとは限りません。実際に行われた法人を活用した節税対策の中には、課税関係を十分に理解していないまま実行されたため、「税金を節税したい」、「少しでもお金を残したい」という思いで不動産の法人化を行ったにもかかわらず、結果として本来支払う必要のない多額の税金を負担することになっていた事例も目にしました。今後、法人を活用した節税を検討されている方には、「こんなはずじゃなかった」とならないように事前に検証した上で判断していただきたいと思います。

不動産の法人化を行うにあたっては様々な課税上の問題があり、実行にあたってその取扱いや判断に悩む場面は多くあると思います。税金だけではなく不動産の法人化を実行するにあたっての各種費用も発生しますので、その点も考慮しなければなりません。将来の状況は不確定ですので全てが計画通りに進むわけではありません。しかしながら、知識があれば防げるミスも多くあるのも事実です。本書では、不動産の法人化を検討・実行する際のメリットやデメリットをはじめ、その手順、賃貸用建物を法人へ譲渡する際の課税関係、会社設立の方法、相続税への影響など不動産の法人化を取り巻く様々なテーマについて考え得る限り書かせてもらいました。

この本を通じて不動産賃貸業を営む不動産オーナー、そして不動産オーナーを支える税理士の皆様のお役に立つことができれば幸いです。

2023年3月

岡 隆充

CONTENTS

改訂にあたって

はじめに

第1章　賃貸不動産を法人化する目的とその効果

SECTION 1　不動産の法人化とは…… 2

SECTION 2　不動産法人化のメリット…… 7

SECTION 3　不動産法人化のデメリット…… 14

SECTION 4　事業承継対策…… 20

SECTION 5　認知症対策…… 27

第2章　不動産法人化の実行に伴う事項と税務論点

SECTION 6　不動産の法人化の流れ…… 32

SECTION 7　賃貸用建物を個人間で生前贈与する際の留意点…… 36

SECTION 8　賃貸用建物を譲渡した個人に係る税務の取扱い…… 41

SECTION 9　法人が個人から賃貸用建物を購入した場合の取得費及び減価償却の取扱い…… 47

SECTION 10　法人が賃貸用建物を購入した場合の消費税の取扱い…… 51

SECTION 11　インボイス制度…… 55

SECTION 12　不動産を譲渡した場合に発生する流通税…… 58

SECTION 13　不動産の法人化と借地権設定時の課税関係…… 61

SECTION 14 賃貸用建物を個人から法人へ贈与した場合の取扱い…… 67
SECTION 15 賃貸用不動産を現物出資した場合の取扱い…… 71
SECTION 16 株式会社の設立手続き…… 76
SECTION 17 合同会社の設立手続き…… 81

第3章　相続税（財産評価）と出口戦略に関する事項

SECTION 18 不動産の法人化と相続税への影響…… 86
SECTION 19 法人化の実行前後における相続税評価の比較①（土地）…… 89
SECTION 20 法人化の実行前後における相続税評価の比較②（建物）…… 95
SECTION 21 取引相場のない株式の評価方法…… 98
SECTION 22 合同会社の出資の評価方法…… 104
SECTION 23 賃貸用建物の敷地の用に供されている土地に係る小規模宅地等の特例の適用…… 107
SECTION 24 退職金に関する取扱い…… 112
SECTION 25 居住用の区分所有財産の評価方法の改正…… 119
SECTION 26 不動産M＆Aの活用について（出口戦略）…… 123

第4章　その他の個別論点

SECTION 27 賃貸用建物の時価…… 130
SECTION 28 土地の法人化…… 133
SECTION 29 社会保険の加入…… 137
SECTION 30 金融機関から融資を受ける際の留意点…… 140
SECTION 31 国外不動産と不動産の法人化…… 143
SECTION 32 不動産の法人化のための試算…… 148

第1章

賃貸不動産を法人化する目的とその効果

SECTION 1

不動産の法人化とは

「不動産の法人化」に明確な定義はありませんが、一般的に法人を活用して所得税の負担を軽減する手法のことをいいます。

現在、個人に対する所得税の税率は、所得が多くなるにしたがって段階的に高くなり、住民税とあわせると最高で55％になります。一方で、財務省のホームページによると法人に対する実効税率は29.74％（2023年1月現在）となっています。このような背景から、個人の所得が高額な場合には、税率の低い法人に所得を分散させることにより、税金の負担を軽減することが可能となります。

1 法人を活用した所得の分散の形態

個人の所得が高額で所得税率の負担が大きい場合には、個人の所得を法人へ移すことによって所得税の税負担を軽減することができます。具体的に個人の所得を法人へ移す方法として、次の3つの形態が挙げられます。

① 管理会社方式

管理会社方式とは、個人で営む不動産賃貸業の管理業務を法人へ委託して、個人から法人へ管理料を支払う方式です。個人側では管理料相当額の所得が減少するため、所得税の税負担を軽減することができます。

個人から法人へ支払う管理料については、管理業務の実態に照らし適正な金額に設定する必要があります。この適正な管理料について明確な規定はありませんが、インターネットなどで賃貸管理会社の管理料を検索してみると、3％～10％程度の管理料を設定しているケースが多いように見受け

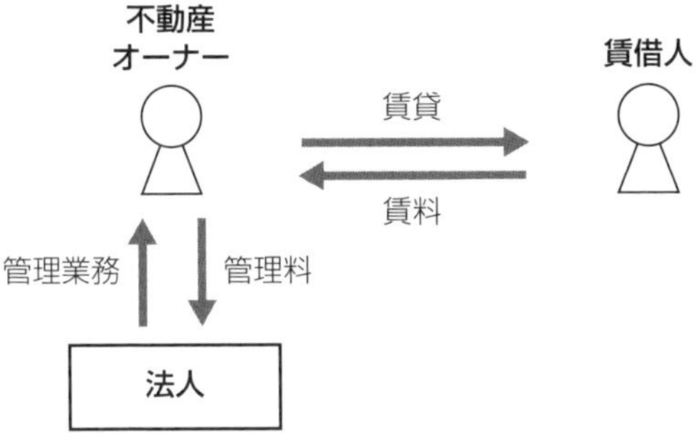

られますので、管理料を設定する際には1つの目安にするのもよいでしょう。

また、管理料の取り決めについては、後日の税務調査で課税当局に管理料の金額の妥当性について説明できるように、管理業務の内容と管理料について取り決めた契約書などの書面を整備しておくことも必要です。不動産オーナー及びその親族が実質的に支配している管理会社に対して支払う管理料を含む各種費用については、意図的に操作することが可能ですので、税務調査の際に厳しく追及されることがあります。利害関係のない管理会社に管理を委託する場合であれば締結しているであろう管理業務に関する契約書等が締結されていないとなると、管理料の正当性を主張する上で不利になることも想定されます。その調査の結果、不相当に高額な管理料を支払うなどして不動産オーナー及びその親族の所得税の負担を不当に減少させていた場合には、利害関係のない管理会社との間で設定される正常な管理料を基に所得の計算が行われることになります（所得税法157条）。不動産オーナー及びその一族が実質的に支配している管理会社との間で管理料を設定する際には、管理業務に応じた適切な管理料を設定することはもちろん、契約書などの書類についてもきちんと整備すべきです。

② サブリース方式

サブリース方式とは、個人が所有する賃貸用建物を法人に一括賃貸する方式です。賃貸用建物を一括で借り上げた法人は通常の賃料で第三者に転貸しますので、個人と法人の間では空室リスクを加味して通常よりも低い賃料が設定されることになります。通常の賃料と減少した賃料との差額相当の所得に対する所得税の分だけ税負担を軽減することができます。

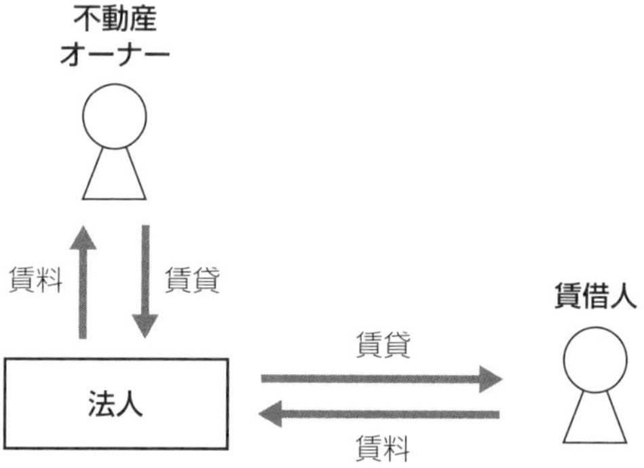

個人と法人で設定される賃料については、一括で借り上げた法人の転貸時の空室リスクと管理料を考慮した上で適正額を設定する必要があります。サブリース方式で個人が法人から支払いを受ける賃料は、通常の賃料の80％～95％程度で設定されるケースが多くみられますが、実際には空室率、立地、経過年数などを考慮して適正額を設定する必要があります。

なお、管理会社方式の場合と同様に、賃料の妥当性について税務調査の際に説明できるように契約書など書類についてはきちんと整えておきましょう。また、賃料を操作するなどして不動産オーナー及びその親族の所得税の負担を不当に減少させる結果となる場合には、正常価格を基に所得の計算が行われる点については管理会社方式と同様です。

③　不動産所有型方式

不動産所有型方式とは、個人が所有する賃貸用建物を法人に譲渡することで所有権を法人に移す方式です。その結果、賃貸用建物から生じる賃料は新たに所有者となった法人に帰属することになりますので、移転した賃貸用建物に係る所得の分だけ個人の税負担が軽減されます。また、法人から個人及びその親族に対して役員報酬を支払うことで、所得税、法人税のトータルでのタックスプランニングが可能となります。

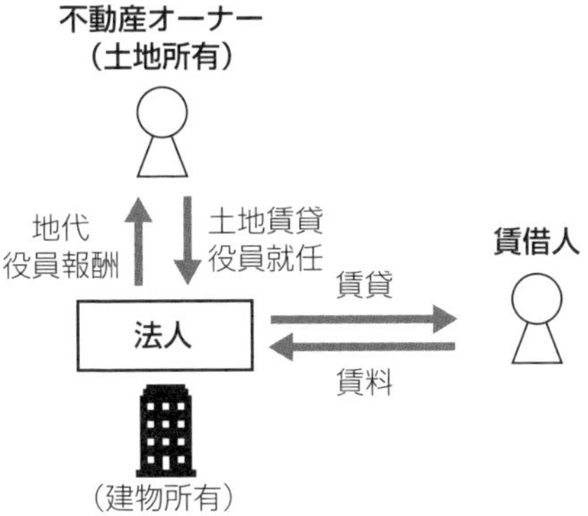

法人から個人及びその親族に支払う役員報酬については、法人の収益やその役員の職務内容に照らして適正な金額でなければなりません。役員報酬が不相当に高額な場合にはその高額な部分については損金不算入となります（法人税法34条）。

個人及びその親族に対する役員報酬については税務調査で論点になることが多い項目ですので、報酬を決める際には節税効果だけではなく、職務内容に対して適正な報酬額であるかどうか検証した上で決定するようにしましょう。

2　土地の譲渡について

不動産所有型方式においては、個人から法人へ譲渡するのは賃貸用建物のみで土地は譲渡しないことが一般的です。

その理由の1つとして、個人が土地を譲渡した場合にはその譲渡所得に対して所得税の負担が生じますが、その土地が先祖から譲り受けた土地などで取得費が不明な場合には、その取得費は売却金額の5%となります。そうなると、譲渡対価の大半が譲渡所得となり譲渡所得税の負担が大きくなるため、土地を譲渡することはあまり好まれません。

また、法人側では土地を購入するための資金調達が新たに必要となりますが、土地を購入したからといって賃貸用建物から生じる賃料がその分増加するわけではありませんので、資金繰りや採算性の面から、土地も購入するケースは限られてくると思われます。

3 まとめ

①の管理会社方式や②のサブリース方式では、個人から法人へ移転する所得の額に限りがあるため所得分散効果があまり見込めません。一方で、③の不動産所有型方式では、賃貸用建物を法人へ譲渡して、不動産所得そのものを法人に移転させることで、管理会社方式やサブリース方式より大きな節税効果を見込むことができます。ただし、この不動産所有型方式は、賃貸用建物を法人に譲渡することから、管理会社方式やサブリース方式に比べて手間や時間を要します。実務上は、各不動産オーナーである個人のそれぞれのニーズに応じていずれかの方式を選択することになります。

なお、本書においては、特別な前提がある場合を除いて、「不動産の法人化」とは、「賃貸不動産のみを譲渡する不動産所有型方式」を前提として解説していきます。また、復興特別所得税については考慮していませんのでご承知おきください。

SECTION 2

不動産法人化のメリット

所得の分散により次のようなメリットが享受できます。

① 所得税と法人税の税率差を利用した節税

② 所得分散による低い所得税率の適用による節税

③ 所得分散された各個人に適用される給与所得控除による節税

1 所得税と法人税の税率差を活かした節税

所得税の税率は、所得が多くなるに従って段階的に税率が高くなる超過累進課税制度となっています。課税所得金額1,949,000円までの所得税率は5%ですが、課税所得金額が4,000万円以上になると所得税率は最高の45%となり、住民税とあわせると55%となります。

課税される所得金額	税率	控除額
1,000円から1,949,000円まで	5%	0円
1,950,000円から3,299,000円まで	10%	97,500円
3,300,000円から6,949,000円まで	20%	427,500円
6,950,000円から8,999,000円まで	23%	636,000円
9,000,000円から17,999,000円まで	33%	1,536,000円
18,000,000円から39,999,000円まで	40%	2,796,000円
40,000,000円以上	45%	4,796,000円

（国税庁ホームページより引用）

一方、法人税の税率は原則として23.2%ですが、中小法人においては年800万円以下の所得金額の部分については、税率が15%に軽減されています。この中小法人とは資本金の額等が1億円以下であるもの又は一般社団法人など資本等を有しないものをいいます。また、資本金の額等が5億円以上である法人等との間にその法人等による完全支配関係がある法人等は中小法人からは除かれます。なお、法人税以外の事業税や住民税などが考慮された実質的な税負担を示す実効税率は29.74%となっています。

区分	所得	税率
普通法人（中小法人）	年800万円以下の部分	15%
	年800万円超の部分	23.2%

（中小企業税制（令和5年度版）より引用。一部抜粋）

所得税率と法人税の実効税率の税率に着目すると、課税所得金額が900万円よりも少ない場合には所得税率の方が小さく、900万円を超えてくると法人税の実効税率が小さくなっていますが、実際には税率以外にも様々な要因を考慮する必要があるため一概に所得金額がいくら以上であれば法人化した方が有利であるとは断定できません。ただし、下図のとおり個人の所得金額が大きいほど、法人に所得を移転した場合の税額の軽減効果が大きく、課税所得金額が4,000万円の場合には法人の方が約530万円も税負担が低くなります。

課税所得金額	所得税・住民税	法人税
300万	502,500円	892,200円
500万	1,072,500円	1,487,000円
1,000万	2,764,000円	2,974,000円
2,000万	7,204,000円	5,948,000円
4,000万	17,204,000円	11,896,000円

（※）復興特別所得税は考慮していません
（※）住民税は10%として計算
（※）法人税は実効税率29.74%として計算

2 所得分散による所得税の節税

不動産の法人化によって賃貸用建物から生じる賃料は法人に帰属することになります。法人に帰属した賃料から一部を役員報酬として個人及びその親族に支払うことで、さらなる所得分散を行うことが可能です。

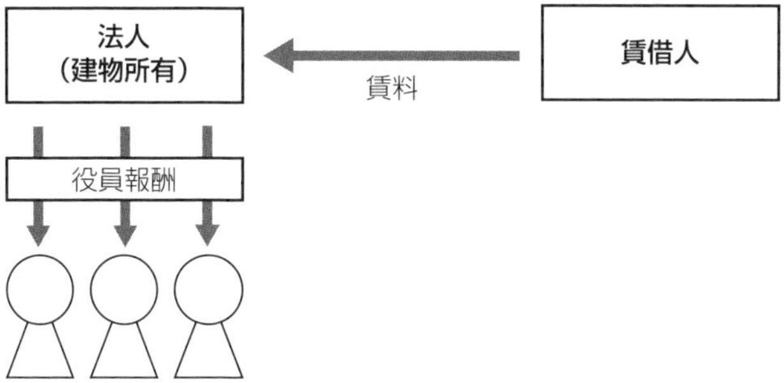

不動産の法人化を実行する前の個人の不動産所得が4,000万円だった場合の所得税と住民税をあわせた税率は55%となります。

不動産の法人化によって4,000万円の所得の全てを法人に移転した後に個人の親族3名に対して役員報酬として各1,000万円ずつ支払った場合には、法人では所得金額1,000万円に対して実行税率29.74%が課税されます。一方で、個人が受け取る役員報酬1,000万円に対しては給与所得控除として195万円が控除されますので、所得金額は805万となり、所得税と住民税をあわせた税率は33%となります。

このように、不動産の法人化によって法人に帰属した所得の一部を役員報酬として分散することで、法人及び個人に適用される税率が抑えられるため節税に繋がることになります。

3 給与所得控除による節税効果

給与所得控除とは、給与所得に認められている所得控除の制度で、その控除額は給与の収入金額に応じて次のように定められています。

給与の収入額	給与所得控除額
1,625,000円以下	550,000円
1,625,001円以上　1,800,000円以下	収入金額×40%－100,000円
1,800,001円以上　3,600,000円以下	収入金額×30%＋80,000円
3,600,001円以上　6,600,000円以下	収入金額×20%＋440,000円
6,600,001円以上　8,500,000円以下	収入金額×10%＋1,100,000円
8,500,001円以上	1,950,000円（上限）

（国税庁ホームページより引用し一部加筆）

この給与所得控除は役員報酬を受け取る個人ごとに適用されますので、上記2のように役員3名に役員報酬を支給した場合には、給与所得控除額は合計で585万円となり、この金額については所得税の課税対象から外れます。このように、役員報酬として分散できる人数が多ければ多いほど給与所得控除の額も多くなりますので、所得税の節税効果が大きくなります。

4 その他のメリット

不動産の法人化では、上記以外にも次のようなメリットを得ることができます。

①　相続対策

賃貸用建物から発生する家賃収入のうち「可処分所得×生存年数」は不動産オーナーである個人の相続財産を形成します。不動産の法人化により個人の親族に所得を分散することで、長期的にその個人の相続財産の蓄積

【所得分散前】

【所得分散後】

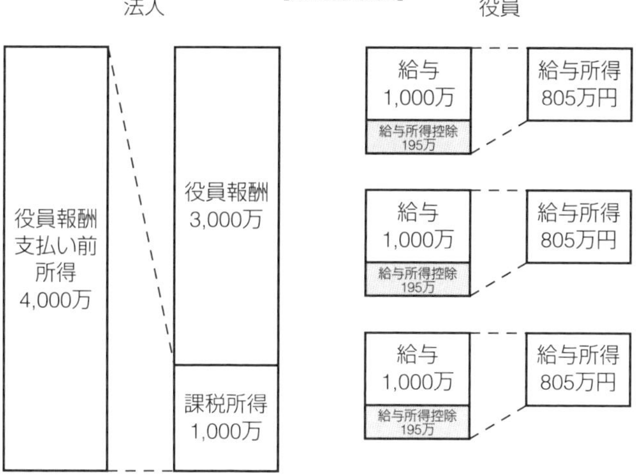

所 得 金 額：1,000万円＋805万円＋805万円＋805万円＝3,415万円
給与所得控除：195万円＋195万円＋195万円＝585万円

を軽減することになると同時に、所得の分散を受けた親族にとっては「分散された所得に係る可処分所得×生存年数」が将来の相続税の納税資金の原資となります。このように、不動産の法人化には相続税対策及び納税資金対策の効果も期待することができます。

② 事業承継対策

事業承継は「株式の承継」と「経営の承継」の2つに大きく分けられます。

株主は法人の経営陣である取締役を選任することができ、法人が解散した場合には残余財産を受け取る権利（いわゆる財産権）を持っていますので、「株式の承継」によって後継者は会社の実権と財産権を確保することができます。また、代表取締役（いわゆる社長）を後継者に交代することで「経営の承継」を行うことができます。不動産の法人化を行うことで個人の不動産賃貸業が法人経営となりますので、然るべきタイミングで法人の株式を後継者に譲り、社長を後継者に交代することで事業承継が可能になります。

③ 認知症対策

日本では高齢化の進展とともに、認知症の人の数も増加しています。政府の発表資料によると、2012年時点で65歳以上の高齢者で7人に1人程度が認知症であるといわれており、2025年になると認知症の有病者数は約700万人になるともいわれています。

賃貸用建物の所有者である個人が認知症になると、判断能力が十分でないとみなされるため、不動産の賃貸借契約、賃貸用建物に係る修繕や建替え及びそれに伴う借入れ、不動産の譲渡など、不動産賃貸業に関するあらゆる法律行為ができなくなります。法人は認知症になることはないため、不動産の法人化により賃貸用建物の所有者を法人にすることで認知症対策が可能となります。なお、法人においても株主や代表取締役が認知症になった場合には、法律行為に制限が生じることが懸念されますが、後継者に株式を譲渡したり代表取締役を交代することでそのような非常事態に対応することが可能です。

SECTION 3

不動産法人化のデメリット

不動産の法人化によるデメリットとして次のようなことが挙げられます。

① 法人化の実行に伴うコストの発生

② 法人の設立による事務負担の増加

③ 相続税の増加

不動産の法人化を行う際は、メリットだけでなくデメリットについても十分な検討を行った上で実行しましょう。

1 法人化の実行に伴うコストの発生

個人から法人に賃貸用建物を譲渡する場合、次のようなコストが発生します。

① 法人設立費用

不動産の法人化には賃貸用建物を所有するための受け皿となる法人が必要ですので、法人を所有していない場合には、新たに法人を新たに設立しなければなりません。法人を設立するためには、定款認証、登録免許税、資本金、司法書士への報酬などの費用が生じます。株式会社の設立の場合には、資本金のほかにおおよそ30万円前後の費用を想定しておくとよいでしょう。

なお、既に所有している法人を受け皿として活用する場合には、これらの設立の際に生じる費用はかかりません。

② 登録免許税・不動産取得税

賃貸用建物を個人から法人に譲渡した場合、所有権の移転登記に対して賃貸用建物の価額×2％の登録免許税が課されます。また、賃貸用建物を取得した法人に対しては原則として、賃貸用建物の価額×4％の不動産取得税が課税されます。なお、2027年3月31日までの住宅用建物の取得の場合の不動産取得税の税率は3％となります。

③ 譲渡所得税

個人が賃貸用建物を売却して譲渡所得が発生した場合には、所得税が課税されます。この譲渡所得は、賃貸用建物を売った金額から取得費、譲渡費用を差し引いて計算します。譲渡所得に対する税金は、不動産所得や給与所得などの所得と区分して計算されます。

なお、譲渡した年の1月1日において所有期間が5年を超えるものについては、長期譲渡所得として所得税15％、住民税5％が課税され、5年以下の場合には、短期譲渡所得として所得税30％、住民税9％が課税されます（租税特別措置法31条、32条）。

④ その他のコスト

(i) 借入金に関するコスト

賃貸用建物を譲渡することによって所有者が個人から法人に変更となりますが、その賃貸用建物に個人の借入れに係る抵当権が設定されている場合には、その抵当権を抹消する必要があります。この場合、抵当権の抹消費用として不動産1個につき1,000円の登録免許税が課されます。また、法人が賃貸用建物の購入資金の調達のため金融機関から借入れを行った場合には、新たに抵当権の設定登記を行うことになります。この抵当権の設定には、借入金額×0.4％の登録免許税が必要となります。

また、不動産オーナーである個人が譲渡代金を基に既存の借入金を一括で返済する場合には、違約金が発生するケースがありますので、事前に金融機関に確認しておきましょう。

(ii) 消費税

不動産賃貸業を営む個人が賃貸用建物を譲渡した場合、個人が消費税の課税事業者である場合には、建物の譲渡金額に対して10％の消費税の負担が生じます。また、賃貸用建物の譲渡は課税売上に該当するため、消費税の納税義務の判定に係る基準期間の課税売上を算定する際に考慮する必要があります。

(iii) 各種専門家に支払う報酬

不動産の法人化の検討・実行には、専門的な知識が欠かせません。課税関係の検討や申告業務については税理士、登記関係については司法書士、契約書などの法務関係については弁護士といったように、必要に応じて各種専門家に依頼する際には、それぞれ報酬が必要となります。

2 法人の設立に伴う負担の増加

① 事務負担の増加

不動産の法人化の実行前後の事務負担は次のようになります。

実行前	実行後
・不動産オーナーの確定申告	・不動産オーナーの確定申告（地代収入） ・法人税の決算・申告業務 ・消費税・地方税の申告業務 ・役員報酬に係る源泉徴収・年末調整・社会保険関係の事務 ・法定調書に係る事務 ・役員報酬を受ける親族が2か所給与の場合には、その親族の確定申告

② 均等割りの負担

個人の場合は所得が発生しなければ税金は生じませんが、法人の場合は赤字であっても住民税均等割額7万円の負担が発生します（資本金1,000万円以下の場合）。

3 相続税の増加

一般的な相続対策の手法の1つとして、不動産を購入・建築する手法がありますが、これは建物の購入価格（通常取引されるであろう正常取引価格）が、建物の相続税の評価額である固定資産税評価額よりも高く、その差額の分だけ個人の相続財産が圧縮されるという仕組みです（財産評価基本通達89）。

一方、不動産の法人化において、個人の所有する賃貸用建物を時価（通常取引されるであろう正常取引価格）で法人に譲渡した場合には、個人の財産は固定資産税評価額をベースに評価される賃貸用建物から、正常取引価格相当の現金に代わることになります。したがって、不動産の法人化の直後においては、その差額の分だけ相続財産が増加することになり、相続税が増加することになります。

この相続税の増加については、所得分散による相続財産の増加抑制の効果によって将来的には解消されるものと考えられますが、法人化の実行における相続税の増加及び解消するまでの年数にも注意しておくことが必要です。

【不動産の評価のイメージ】

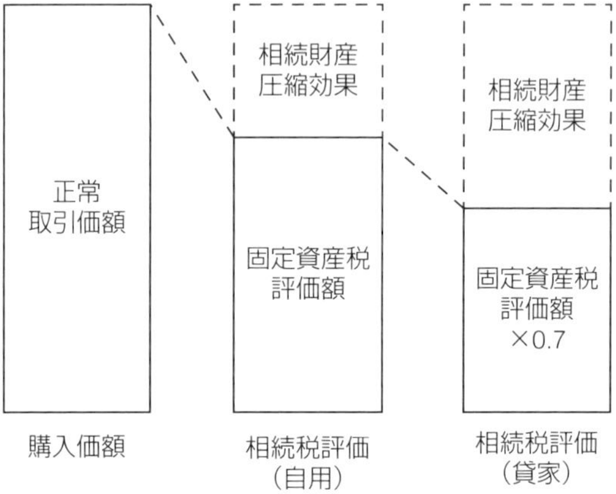

【不動産の法人化による相続税の上昇イメージ】

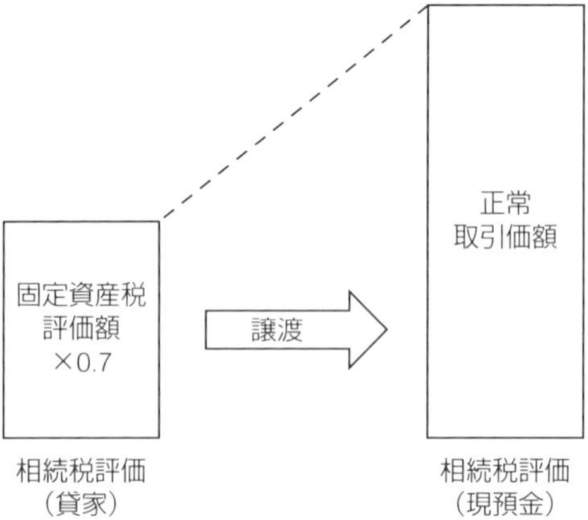

4 可処分所得の減少

不動産オーナー個人の所得を法人及びその親族に分散することになりますので、オーナー自身の収入は現在より減少することになります。不動産の法人化を行う際には、全体の節税効果はもちろんのこと不動産オーナー自身の収入とのバランスについて検討することも必要になります。

SECTION 4

事業承継対策

不動産の法人化においては、法人の株主及び代表者を後継者にすることで事業承継を行うことが可能となります。

1 概要

個人が営む不動産賃貸業の事業承継が行われるのは、不動産賃貸業に係る資産を後継者に生前に贈与するか、その個人の死後に不動産賃貸業に係る資産が後継者である相続人に相続されたタイミングになります。

一方で、法人の事業承継のタイミングは「株式の承継」と「経営の承継」の大きく2つに分けられます。

法人の株主は、その法人の経営陣である取締役を選解任することができます。また、株主は法人が解散した場合には残余財産を受け取る権利（いわゆる財産権）を持っていますので、後継者が法人の株式を取得することで、つまり「株式の承継」を行うことで、後継者は法人の実権と財産権を確保することができます。また、後継者が法人の経営責任者である代表取締役に就任することで「経営の承継」も行うことができます。

不動産の法人化によって、賃貸用建物に係る不動産賃貸業は法人の事業となりますので、後継者の資質を見極めながら、然るべきタイミングで株式を譲渡又は贈与し、代表取締役を交代することで事業承継をスムーズに実施することができます。また、後継者の立場からすると、法人の取締役としてあらかじめ経営に参画し、段階を踏んで計画的に事業を承継することができるので安心して事業を引き継げる手法といえるでしょう。

生前に株式を承継するためには、後継者に株式を譲渡しますが、法人の株式の価額によっては課税上の問題が生じることがありますので、承継する際には株価の算定が必須となります。一方で、代表取締役の交代は株主総会等の決議を経て行われます。代表取締役の交代に伴い役員変更の登記手続きが必要となり、その際に登録免許税が生じますが、所得税や贈与税の問題は生じません。

2 株式の承継の流れ

株式を承継するためには、現株主から後継者に当該株式を譲渡又は贈与する必要があります。株式は、原則として自由に譲渡や贈与することができますが、中小企業の大半は株式について譲渡制限が設けられており、自由に譲渡することができません。譲渡制限が設けられている株式を贈与した場合の手続きの流れを解説します。

① 贈与契約

個人と後継者で株式の贈与契約を締結します。贈与は諾成契約（口頭での意思表示）でも成立しますが、贈与が正しく行われたことを証明するためにも書面できちんと残しておきましょう。押印は認印でも構いませんが、署名については自署で行っておくことをおすすめします。

② 譲渡承認請求

株式譲渡制限会社では、定款において、譲渡による株式の取得について会社の承認を要する旨を定めることができます（会社法107条1項1号、2項1号)。したがって、株式譲渡制限会社の発行株式を贈与する場合には、会社の承認を受けるために譲渡承認請求書を作成し、株式の発行会社に対して、譲受人がその株式を取得することについて承認するか否かの決定をすることを請求する必要があります（会社法136条、137条)。

なお、その会社の発行株式に譲渡制限が設定されているか否かについては、定款又は履歴事項全部証明書で確認することができます。

③　発行会社における決議

発行会社は、提出された譲渡承認請求について定款で定めた方法により承認の可否について決議を行います。譲渡承認の決議が行われるのは、取締役会設置会社では取締役会、それ以外の会社では株主総会の決議によることとされていますが、取締役会設置会社であっても、定款に別段の定めがある場合には、株主総会とすることもできます（会社法139条1項）。

④　譲渡承認通知書

発行会社は譲渡承認をした場合、譲渡承認請求書を提出した者に対して譲渡承認通知書を発送します（会社法139条2項）。会社は請求のあった日から2週間以内に株主に通知しなければなりません。2週間以内に株主に通知しなかった場合には会社は譲渡を承認したものとみなされます（会社法145条1項1号）。

⑤　株主名簿の作成

一連の譲渡の手続きが無事に終了したら新たな株主名簿を作成します。

これらの一連の手続きに関する書類については、税務調査において課税当局から提出を求められることがあります。また、親族間で相続争いが生じた場合や第三者に対して真の株主を立証する際にも、譲渡が正しく行われたことを証明するための重要な証拠になります。きちんと書類を作成して保管することでトラブルを防ぐことに繋がりますので、重要な書類の取扱いには十分気を付けましょう。

3 株式の承継方法と税金について

生前に後継者に株式を承継するためには贈与又は譲渡のいずれかの方法で行いますが、株式の価額によっては課税関係が生じることがあります。

① 個人間で贈与した場合

個人間で株式の贈与があった場合、後継者は贈与によって取得した株式の価額に基づいて贈与税が課税されます。この場合の株式の価額は、財産評価基本通達178から189-7までによって評価していれば原則として課税上の問題はありません。ただし、この通達によって評価することが著しく不適当と認められる場合には、国税庁長官の指示を受けて評価されることになります（財産評価基本通達6項）。

② 個人間で譲渡した場合

非上場株式を譲渡した場合の譲渡価額については、本来、税法で決めるべきことではなく、適正な価額であれば時価として認められ、課税上の問題は生じません。

しかし、親族間で行われる非上場株式の取引については、その価額について恣意性が介入しやすく、適正な取引価額をいくらにするべきかについての判断は難しいといえます。その取引価額が適正な時価と比べて低い場合や、高い場合には課税上の問題が発生することがあります。

(i) 低額譲渡が行われた場合の取扱い

(a) 譲渡者側の取扱い

個人間の譲渡においては、所得税法59条1項に規定する低額譲渡によるみなし譲渡課税の適用はありません。したがって、譲渡者は、当事者間で決定した価額で譲渡すれば、その金額を基にして譲渡にかかる所得税が課税されることになります。ただし、時価の2分の1未満の価額で、個人に対し譲渡した場合に譲渡損失が生ずるときは、その譲渡損失はなかったものとして取り扱われることになります（所得税法59条2項）。

(b) 譲受者側の取扱い

譲受人については、著しく低い額で株式を譲受けた場合、時価との差額については贈与とみなされて贈与税が課税されることになります（相続税法7条）。「著しく低い」基準について明確な基準はありませんが、この場合の「時価」とは、相続税評価額とされていますので、財産評価基本通達に従って評価した金額で譲渡されていれば贈与税の課税はないものと思われます。

(ii) 高額譲渡が行われた場合の取扱い

譲渡所得に対する課税は、譲渡によりその資産が所有者の支配を離れて他に移転するのを機会に、その資産の増加益に対して課税する趣旨であるとされています。有償による譲渡が行われた場合に資産の譲渡の「対価」に相当する部分の金額については、譲渡対価の額として譲渡所得が計算されて、所得税が課税されます。

しかしながら、その譲渡対価の中に、その資産の譲渡の「対価」ではなく、譲受人から譲渡人に贈与された金銭と同様の性格を有する部分があると認められるときは、当該部分の金額については、譲受者から譲渡者への贈与として贈与税が課税されることとになります。

以上のことから、個人間で非上場株式を譲渡する場合には、財産評価基本通達に従って評価した価額を基に譲渡を行うことで、課税上の弊害は生じないといえます。

4　法人の事業承継のメリット

①　株式の承継

株式を譲渡する場合、その株価に応じて譲渡する株式数及び発生する税金を調整することができるため、後継者の負担を考慮して毎年少しずつ株式を贈与することが可能です。

また、種類株式や属人的株式（会社法108条、109条2項）を活用することで、法人の実権を確保したまま後継者に事業承継を行うことも可能となります。一般的に多く用いられるのは拒否権付種類株式で、いわゆる「黄金株式」と呼ばれる種類株式です。これは、役員の選任・解任や合併など重要な事項についてのみ拒否権を持つことができる株式です。この黄金株式1株だけを残して、残りを後継者に承継することで、後継者が重要な事項に関して誤った判断を下したときに、その決議を拒否することで会社が誤った方向に進むのを防ぐことができます。拒否権を持つことができる事項については会社ごとに決めることができますので、後継者の状況に応じて柔軟に利用できる手法です。

会社法上は様々な種類株式の発行が認められていますが、国税庁から公表されている種類株式の評価方法は次の3種類に限られています。(i)配当優先の無議決権株式の評価、(ii)社債類似株式の評価、(iii)拒否権付株式の評価です。それ以外の種類株式の評価方法について評価方法の指針はありませんので、相続や贈与の際に想定外の課税が生じる可能性があります。種類株式を導入する際にはその点についても留意してください。

② 経営権の承継

個人の場合には、経営権を承継するために賃貸用建物の所有権を移す必要がありますが、法人の場合にはあらかじめ従業員や取締役として経営方法を習得させた後に代表取締役に就任して経営権を承継することができます。また、代表取締役には人数制限がありませんので、後継者に引き継ぎができるまで代表取締役を2人体制で進めることも可能です。

5 経営の承継の流れ

① 代表取締役の交代

代表取締役の交代は、株主総会の決議などその会社で定めた方法に沿って行います。

新たな代表取締役が決まったら役員変更の登記を行う必要があります。

② ノウハウの承継

事業を承継するにあたっては、株式の承継や経営の承継以外に、ノウハウの承継も重要です。賃貸経営や賃貸管理に関するノウハウ以外にも、金融機関や関係業者など各関係者の対応方法など、できる限り後継者にノウハウを承継させることが必要です。

SECTION 5

認知症対策

不動産の法人化によって賃貸用建物の所有者は法人になります。その結果、所有者である法人が賃貸用建物に係る法律行為を行いますので、個人が抱える認知症のリスクを回避でき、将来にわたって不動産賃貸業を円滑に行うことが可能です。

1 認知症のリスク

個人が所有している賃貸用建物に係る契約などの法律行為はその所有者自身が行いますが、その個人が認知症になった場合には判断能力が十分でないとみなされるため、不動産の賃貸借契約、修繕や建替え及びそれに伴う借入れ、不動産の譲渡など不動産賃貸業に関するあらゆる法律行為ができなくなります。万一、そのような事態になった場合には、家庭裁判所に申し立てて成年後見人を選任してもらうしかありません。選任された成年後見人が本人に代わって契約などの法律行為を行いますので、通常の賃貸経営については支障なく行われるでしょう。ただし、成年後見人は本人の財産を守ることが使命とされていますので、大規模修繕や建替え及びそれに伴う借入れ、不動産の譲渡などの本人の不利益に繋がる可能性がある行為については対応が難しいといわれています。

2 法人の活用

不動産の法人化はこのような認知症の対策にも有効です。不動産の法人化によって賃貸用建物の所有者が法人になるため、賃貸不動産に係る法律行為は法人が行うことになります。法人の株主や代表取締役を認知症の心配のない親族にしておけば法人に係る経営を支障なく行うことが可能です。

ただし、法人の株主や代表取締役が認知症になった場合には、その個人は当然に法律行為ができません。したがって、株主が認知症になった場合には、その株主が保有する議決権が行使できなくなるため役員の選解任や法人の解散など法人の運営に大きな支障が生じる恐れがあります。また、代表取締役が認知症になってしまった場合には、法人として行った賃貸借契約、修繕、借入れ、取壊し、売却などの法律行為が無効となってしまうおそれもあります。株主や代表取締役が認知症になると、家庭裁判所に成年後見人を選任してもらうしかありません。通常の法人の運営には支障がないかもしれませんが、社内外に混乱が生じることが予想されますので、認知症の不安がある場合には早めに後継者に株式を譲渡したり、代表の座を譲ったりするなど対策を講じる必要があります。不測の事態に対する備えとして、株主総会の定足数を下げておくことや取締役会で代表取締役を解任できるようにしておくことなど定款を見直すことも大切です。また、法人の株主や代表取締役を認知症の心配のない親族にしておくことも、認知症に係る対策の1つとして有効です。

3 属人的株式の活用

また、認知症対策の1つの手法として、属人的株式を導入する方法があります。株主は、保有する株式の内容及び数に応じて、平等に取り扱われなければなりません（会社法109条1項）。ただし、非公開会社においては、剰余金の配当、残余財産の分配、株主総会における議決権について株主ごとに異なる取扱いを定款で定めることができます（会社法109条2項）。例えば、「代表取締役○○の判断能力が失われた場合には、後継者××が保有する株式の議決権を10倍にする」と定款に定めることで、代表取締役○○が認知症になって判断能力が失われた場合でも、後継者の議決権が

10倍となるため株主総会を開催し新たな代表取締役を選任することができます。このように属人的株式を導入することで、万一、代表者が認知症となった場合でも法人の運営を支障なく続けることが可能となります。

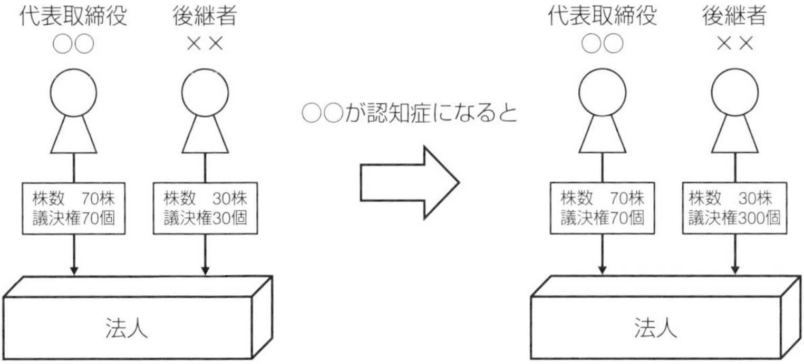

属人的株式を導入するためには、定款を変更することが必要です。通常、定款の変更には、株主の議決権の過半数を有する株主が出席し、出席した当該株主の議決権の3分の2以上の同意を必要とする特別決議（会社法309条2項）が必要ですが、株主の権利に重要な影響を及ぼす属人的株式を導入するためには、総株主の半数以上で、総株主の議決権の4分の3以上の同意を必要とする特殊決議（会社法309条4項）が必要となります。なお、属人的株式は登記事項ではありませんので、種類株式（会社法108条）と異なり外部に属人的株式を発行していることが知られることはありません。

個人が認知症になった場合には法律行為が制限されてしまいます。法人自体は認知症にはなりませんが､その株主や代表取締役は個人である以上、認知症になるリスクは避けられません。その対策として、定款の整備や属人的株式の導入で認知症対策を講じることが可能です。状況に応じて定期的にその内容を見直すなどメンテナンスも必要になりますが、上手く活用することで認知症対策の有効な手段にすることができます。

第 2 章

不動産法人化の実行に伴う事項と税務論点

SECTION 6

不動産の法人化の流れ

ここでは、一般的な不動産の法人化の流れ及び実行に際して検討すべき事項について紹介します。

1 不動産の法人化の流れ

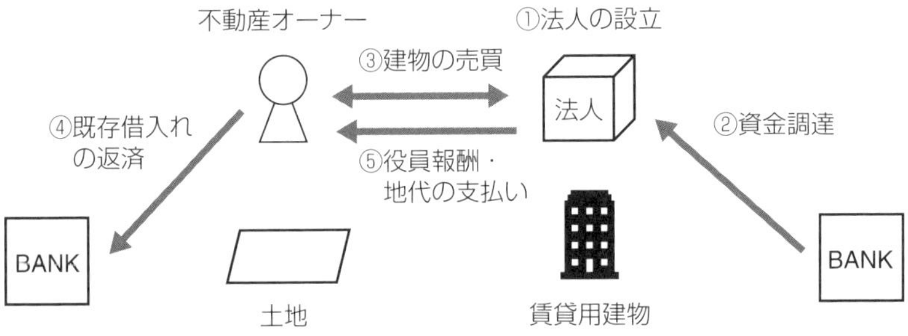

① 法人の設立

受け皿となる法人の設立を行います。既存の法人を所有している場合、その法人を活用しても構いません。

② 資金調達

建物を取得するための資金を金融機関から調達します。

③ 建物の売買

個人は法人化の対象となる賃貸用建物を法人に時価で譲渡します。

④　既存借入の返済

個人に既存借入れがある場合には譲渡代金をもって返済を行います。

⑤　役員報酬・地代の支払

法人から役員報酬と土地の地代を支払います。

2　検討事項

不動産の法人化の流れについては上記1のとおりですが、実行するためには次のような事前の検討が必要です。

①　事前検討・ヒアリング

不動産の法人化の目的や賃貸用建物の情報だけでなく、個人の所得や所得分散の対象となる親族の人数や所得の状況など不動産の法人化に必要な情報を確認します。

②　必要資料の収集

各種試算を実施するために必要な主な資料は下記のとおりです。

(1)　所得税の確定申告書

(2)　減価償却台帳

(3)　固定資産税課税明細書

(4)　賃貸借契約書

(5)　借入金返済予定表

(6)　個人の資産状況が分かる資料

③　各種試算

個人から法人に対する賃貸用建物の譲渡を含め、個人及びその親族、法人でどのような形で所得分散をすると最も税負担が減少するか試算します。この際、実行に必要な各種費用について漏れのないように反映させておくことで、より精緻な試算を行うことができます。また税金面の試算だけでなく、資金繰りについても無理のない事業計画となっているか検証しておきましょう。その他、不動産の法人化を実行することで相続税が一時的に増加する傾向にありますので、そのようなデメリットについても実行前に確認しておくことをおすすめします。

また、所得分散を予定している親族が勤務する会社によっては副業禁止に抵触するため役員報酬を支払うことができない場合があります。他にも当初の想定していなかった問題に直面することもありますが、その都度、必要な資料を収集して各種試算に反映させて検証を行いましょう。

④ 設立法人

法人を設立する際は、出資者である当初株主や定款の内容、役員の構成をどうするかなど検討が必要になります。定款の内容については、インターネット上に公開されているようなひな形をそのまま使うのではなく、自身の状況に応じた定款の内容にしておくことで、株主や代表取締役に不測の事態が起こった際に会社の経営に支障がでないように予防することもできます。もちろん、全ての懸念事項を解消することは現実的に不可能ですので、譲渡制限や代表取締役の選任方法など会社運営に直結する事項だけでも検討しておきましょう。

法人の設立を司法書士に依頼する場合は、設立に関する諸費用及び司法書士に支払う報酬がかかりますが、既に所有している法人を活用する場合にはこれらの費用はかかりません。

⑤　契約書その他の書類

個人がその株式の大半を支配している同族会社との取引については、契約書をはじめとする関係書類をきちんと残しておくべきです。これは当事者間のトラブル防止のためだけではなく、後の税務調査で課税当局から説明を求められた際はもちろんのこと、金融機関から融資を受ける際にも契約書関係の書類の提出を求められることがあるためです。契約書や議事録などはきちんと作成し、保管しておきましょう。

⑥　金融機関との調整

賃貸用建物を譲渡する個人に既存の借入れがある場合には、その譲渡代金をもって借入金の返済を行います。その場合、繰上返済に対する違約金が生じる場合がありますので事前に金融機関に確認をしておきましょう。

法人が不動産を購入するための資金が必要な場合には、金融機関に融資の申込みを行います。審査の際に事業計画書の提出を求められる場合がありますが、不動産の法人化の節税効果を検証するための収支表や、資金繰りの検証資料などの試算資料をもって代用可能なケースもあります。どのような資料が必要か金融機関の担当者に確認してみましょう。

試算資料の作成時に想定していた融資額や返済期間、借入金の金利などの条件と相違がある場合には、収支表や資金繰り表をアップデートした各種資料を再度提出しましょう。

SECTION 7

賃貸用建物を個人間で生前贈与する際の留意点

個人が所有する賃貸用建物を後継者に生前贈与する際には、財産を受け取った受贈者である後継者に贈与税が課税されます。賃貸用建物の評価額によっては贈与税の負担が高額になることが考えられます。また、借入金や敷金・保証金がある場合には負担付贈与の取扱いに注意する必要があります。

1 贈与税の取扱い

贈与税は、個人から財産をもらったときに財産をもらった受贈者に課税される税金です。贈与税の課税方法には、「暦年課税」と「相続時精算課税」の2つがあります。

① 暦年課税制度

暦年課税制度とは、1年間（1月1日～12月31日）に贈与を受けた財産の合計額から基礎控除額110万円を差し引いた残額について贈与税が課税される制度です。1年間にもらった財産の合計額110万円以下の場合には、贈与税はかかりませんので、贈与税の申告も不要です。

贈与を受けた年の1月1日において18歳以上の受贈者が、父母や祖父母などの直系尊属から財産の贈与を受けた場合には、「特例贈与財産用」の速算表を用いて贈与税額を計算します。

それ以外の場合の贈与については、「一般贈与財産用」の速算表を用いて贈与税額を計算します。

【特例贈与財産用】

基礎控除後の課税価格	200万円以下	400万円以下	600万円以下	1,000万円以下	1,500万円以下	3,000万円以下	4,500万円以下	4,500万円超
税　率	10%	15%	20%	30%	40%	45%	50%	55%
控除額	−	10万円	30万円	90万円	190万円	265万円	415万円	640万円

【一般贈与財産用】

基礎控除後の課税価格	200万円以下	300万円以下	400万円以下	600万円以下	1,000万円以下	1,500万円以下	3,000万円以下	3,000万円超
税　率	10%	15%	20%	30%	40%	45%	50%	55%
控除額	−	10万円	25万円	65万円	125万円	175万円	250万円	400万円

（国税庁ホームページより引用）

②　相続時精算課税制度

令和5年度税制改正で相続時精算課税制度についての取扱いが改正されました。

従来の取扱いは、贈与財産から相続時精算課税の特別控除額2,500万円を控除した残額に一律20％の税率を乗じて計算した贈与税を支払い、贈与者が亡くなったときには、この制度を使って受け取った贈与財産を相続財産に加算した価額を基に相続税額を計算し、既に支払った贈与税額については相続税から控除するというものでした。

今回の改正により、令和6年1月1日以後の相続時精算課税の計算においては、暦年課税の基礎控除とは別に、贈与税の課税価格から基礎控除額110万円が控除されることになりました。したがって、贈与税の計算にあたっては基礎控除額110万円を控除した後に、特別控除額である2,500万円を控除した残額について一律20％の税率を乗じて計算することになります。

また、将来贈与者が亡くなったときに相続財産に加算する贈与財産額は、基礎控除額110万円を控除した後の残額となります。既に支払った贈与税額について相続税から控除できる点については改正前と同じ取扱いです。

なお、この制度は贈与者が60歳以上の父母又は祖父母、受贈者が18歳以上かつ贈与者の子又は孫である場合に限り選択することができる制度です。受贈者は贈与者ごとにそれぞれの課税方法を選択することが可能ですので、父親からの贈与は暦年課税を選択し、祖父からの贈与に対しては相続時精算課税制度を選択することができます。ただし、一度相続時精算課税を選択した場合には、同じ贈与者からの贈与については「暦年課税」へ変更することはできないため、選択する際は十分検討することが必要です。

この改正により、1年間に受けた贈与財産の額が基礎控除額が110万円以下であれば、暦年課税制度と同様に贈与税は発生しませんので、今後は相続時精算課税制度の選択が増えることが予想されます。

2 負担付贈与の取扱い

負担付贈与とは、受贈者に一定の債務を負担させることを条件にした財産の贈与をいいます。例えば、借入金の返済を条件に賃貸用建物を譲り受ける場合がこれに該当します。負担付贈与に係る受贈者及び贈与者の課税関係については次のようになります。

① 受贈者の取扱い

贈与者から負担付贈与を受けた受贈者は、贈与財産の価額から負担額を控除した価額に対して贈与税が課税されることになります。負担付贈与が行われた場合の課税価格ですが、贈与された財産が土地や家屋などの場合には、財産評価基本通達に基づき計算した価額ではなく、その贈与のときにおける通常の取引価額に相当する金額から負担額を控除した価額とされているため、その土地や家屋の通常の取引価額を算定する必要があります。

② 贈与者の取扱い

通常、財産を贈与した贈与者には課税関係は生じません。ただし、負担付贈与を行った場合には、その負担額相当の経済的利益が贈与者に生じるため、その負担額で資産を譲渡したものとみなされます。したがって、その負担額相当額が贈与財産の取得費を超える部分については譲渡所得として取り扱われることになります。

消費税の取扱いについては、負担付贈与は対価を得て行われる取引に該当するため、その負担付き贈与に係る負担の価額に相当する金額が消費税の課税標準となります。したがって、負担付贈与を行った場合には、負担付贈与を行った日の属する課税期間の消費税額の計算はもちろんのこと、基準期間の課税売上高の判定においても注意する必要があります。

③　敷金相当額の現金を贈与した場合

賃貸用建物の贈与があった場合に、旧所有者が預かっていた敷金が存在するときは、たとえ贈与に伴って敷金の引継ぎがなくても、その賃貸用建物の新たな所有者は当然に敷金を引き継ぐとされています。したがって、旧所有者が賃借人に対して敷金返還義務を負っている状態で、新たな所有者に対し賃貸用建物を贈与した場合には、法形式上は、負担付贈与に該当することになります。

なお、この敷金返還義務に相当する現金の贈与を同時に行っている場合には、一般的にこの敷金返還債務を承継させる意図が贈与者・受贈者の間において存在せず、実質的な負担はないと認定することができるため、賃貸用建物の贈与の際にその敷金相当の現金を同時に贈与する場合には負担付贈与の適用はありません。

負担付贈与に該当するか否かで課税関係が大きく異なることになりますので、賃貸用建物を贈与する場合には事前に負担の有無及び課税関係について確認しましょう。

3 まとめ

個人が所有する賃貸用建物を生前贈与する際には、贈与税の負担やその制度の特徴を考慮しつつ暦年課税又は相続時精算課税のどちらを選択するか検討することが必要です。賃貸用建物の評価額は高額になることが多いため、相続時精算課税制度を選択し、当初の贈与税負担を軽減しつつ、後継者に贈与を行うことが一般的です。なお、この支払った贈与税については将来の相続税から控除することができます。

また、賃貸用建物の購入や建築時の借入金の残高が存在している場合や、預かっている敷金や保証金がある場合には負担付贈与に該当するため、受贈者である後継者の贈与税は、その賃貸用建物の贈与のときにおける通常の取引価額に相当する金額から借入金の額を控除した価額で計算されることになります。一方で、贈与者は、借入金相当額で賃貸用建物を譲渡したものとして所得税や消費税の計算が行われます。通常の贈与とは課税関係が異なりますので、負担付贈与に該当することになる場合には十分注意しましょう。なお、負担額相当の現金をあわせて贈与することで負担付贈与は回避することができますので、賃貸用建物を贈与する際には借入金の残額や敷金や保証金の額についてもきちんと確認しておきましょう。

SECTION 8
賃貸用建物を譲渡した個人に係る税務の取扱い

1　譲渡所得課税の概要

土地や建物を譲渡したことによって生じる譲渡所得に対する税金は、他の所得と区分して計算を行います。この譲渡所得の金額は、収入金額から取得費と譲渡費用を差し引いて計算します。

①　収入金額

土地や建物を譲渡した場合の収入金額は、原則として買主から受け取る金銭の額になります。

②　取得費

土地や建物の取得費は、その土地や建物の購入代金、建築代金、購入手数料のほか設備費や改良費などの合計額となります。なお、建物の取得費については、その建物の所有期間中の減価償却費相当額を差し引いた金額となります。

その他に取得費に含まれる主なものは次のとおりです。ただし、事業所得などの必要経費に算入されたものは取得費には含まれません。

(1)　土地や建物を購入したときに納めた登録免許税（登記費用も含みます)、不動産取得税、印紙税

　ただし、賃貸用建物に係るこれらの税金は取得費に含まれずに必要経費として取り扱われます。

(2)　借主がいる土地や建物を購入するときに、借主を立ち退かせるため

に支払った立退料

⑶　土地の埋立てや土盛り、地ならしをするために支払った造成費用

⑷　土地の取得に際して支払った土地の測量費

⑸　所有権などを確保するために要した訴訟費用

相続財産である土地を遺産分割するためにかかった訴訟費用等は、取得費になりません。

⑹　建物付の土地を購入して、その後概ね1年以内に建物を取り壊すなど、当初から土地の利用が目的であったと認められる場合の建物の購入代金や取壊しの費用

⑺　土地や建物を購入するために借り入れた資金の利子のうち、その土地や建物を実際に使用開始する日までの期間に対応する部分の利子

⑻　既に締結されている土地などの購入契約を解除して、他の物件を取得することとした場合に支出する違約金

なお、譲渡する土地や建物の取得費が不明な場合や実際の取得費が譲渡価額の5%よりも少ない場合には、譲渡価額の5%を取得費とすることができます。

譲渡する土地や建物の取得費が不明な場合には、譲渡対価の95%が譲渡所得として課税されることになりますので、将来余計な税金を払うことのないように取得した際の各資料はきちんと保管しておきましょう。

③　譲渡費用

譲渡費用とは、土地や建物を売るために直接かかった費用のことです。譲渡費用の主な例として次に掲げる費用が該当します。

⑴　土地や建物を売るために支払った仲介手数料

⑵　売主が負担した印紙税

⑶　借家人に家屋を明け渡してもらうときに支払う立退料

⑷　土地などを売るためにその上の建物を取り壊したときの取壊し費用とその建物の損失額

⑸　既に売買契約を締結している資産をさらに有利な条件で売るために既契約者との契約解除に伴い支払った違約金

⑹　借地権を売るときに地主の承諾をもらうために支払った名義書換料など

なお、次のような費用は譲渡費用になりません。

⑴　修繕費や固定資産税などその資産の維持・管理のためにかかった費用

⑵　売却代金の取立てのための費用

⑶　抵当権の抹消のために収めた登録免許税（登記費用も含みます）

⑷　確定申告のために支払った税理士報酬

⑸　売却とは直接関係のない過去の測量費用

④　税率

譲渡した不動産の所有期間に応じて長期譲渡所得又は短期譲渡所得に分類されそれぞれ税率が異なります。

(i)　長期譲渡所得

その所有期間が譲渡した年の1月1日現在で5年を超える場合には長期譲渡所得に分類され所得税15％、住民税5％として税額を計算します。

(ii)　短期譲渡所得

その所有期間が譲渡した年の1月1日現在で5年以下の場合には短期譲渡所得に分類され所得税30％、住民税9％として税額を計算します。

2 低額譲渡の場合

前述1のとおり、不動産を譲渡した場合には、原則として実際の譲渡収入を基に譲渡所得が計算されます。

ただし、個人から法人に対して不動産を時価の2分1未満の価額によって譲渡（贈与を含みます）した場合には、不動産の時価によりその譲渡が行われたものとみなして譲渡所得の金額の計算が行われます（所得税法59条）。例えば、個人が法人に時価1億円の不動産を2,000万円で譲渡した場合は、実際の譲渡価額の2,000万円ではなく時価である1億円が譲渡所得の収入金額になります。言い換えると、個人から法人に対して不動産を譲渡する際に、不動産の時価の2分の1以上の価額で取り引きを行えばこの規定の適用はありません。

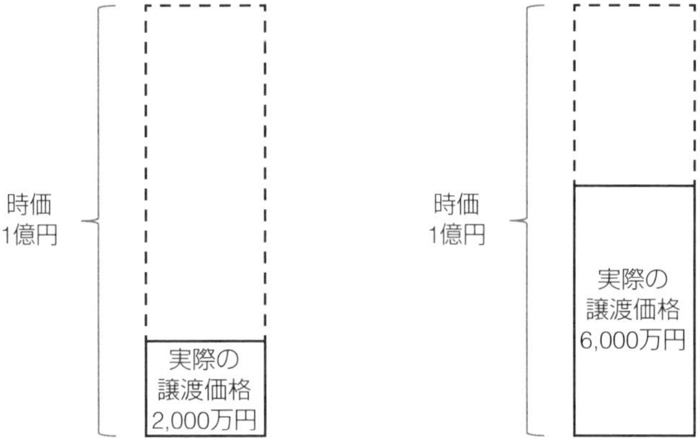

1億円×1／2＝5,000万円＞2,000万円
∴譲渡収入は1億円とみなされる

1億円×1／2＝5,000万円＜6,000万円
∴譲渡収入は実際の譲渡価額6,000万円

また、個人及びその親族でその法人の株式の大半を所有しているような法人に対して不動産を譲渡する場合には、その譲渡対価の額が時価の2分の1以上であっても、時価に相当する金額によって収入金額を計算される場合があります。同族会社と代表者個人の取引について、これを容認して

しまうと、その同族会社の代表者個人やその親族の所得税の負担を不当に減少させる結果となると認められるものがあるときには、その行為又は計算にかかわらず、税務署長の認めるところにより、その個人の課税標準又は税額等を計算することができるものとするとされる規定です（所得税法157条）。

3 高額譲渡が行われた場合

不動産を譲渡した場合には、原則として実際の譲渡収入を基に譲渡所得が計算されます。

ただし、その譲渡収入の中にその資産の譲渡の「対価」ではなく、譲受人である法人から譲渡人である個人に贈与された金銭と同様の性格を有する部分があると認められるときは、その部分の金額については法人から個人への一時所得又は給与として取り扱われます。なお、法人から個人に対する贈与については贈与税については非課税とされています。（相続税法21条の3、所得税基本通達34-1）。

4 年の途中で賃貸用建物を譲渡した場合の不動産所得の必要経費

① 減価償却費の取扱い

不動産所得の金額の計算上必要経費に算入する減価償却費は、その年の12月31日において所有している減価償却資産について行われます（所得税法49条）。

ただし、年の中途で減価償却資産を譲渡した場合には、減価償却資産の譲渡までの期間に係る減価償却費について、不動産所得の必要経費に算入しても差し支えないものとされています。（所得税基本通達49-54）

②　繰上げ返済した場合の利息・違約金

賃貸用建物を譲渡した場合、その建物に係る借入金については譲渡対価を基に返済を行います。年の途中に譲渡した場合には、それまで期間に対応する利息については不動産所得の必要経費になります。

また、契約によって繰上返済に対して違約金が発生する場合がありますが、この違約金については、不動産所得の必要経費になります。この違約金は借入金を繰り上げ返済したことによる費用であり、譲渡に関して直接かかった費用ではないため、譲渡所得の計算における譲渡費用には該当しません。

③消費税

消費税の課税事業者である個人が賃貸用建物の譲渡を行った場合には、その建物の譲渡対価の10%の消費税（地方消費税を含む）が課税されます。ただし、その課税期間の基準期間における課税売上高が1,000万円以下だった場合には、その課税期間における課税資産の譲渡等について、納税義務が免除されますので、賃貸用建物を譲渡しても消費税は課税されることはありません。

一方で、その賃貸用建物を譲渡した翌々年において、消費税の納税義務の判定を行う際には、その賃貸用建物の譲渡も含めた上で基準期間における課税売上高が1,000万円を超えるか否か判定を行います。納税義務の判定を行う際に賃貸用建物の課税売上高を考慮することを失念してしまわないように留意しましょう。

消費税については、間違いの多い項目の1つです。届出の有無をはじめとして、原則とは異なる取扱いもあるため十分気を付けましょう。

SECTION 9

法人が個人から賃貸用建物を購入した場合の取得費及び減価償却の取扱い

1 減価償却資産の取得価額の概要

法人が減価償却資産を取得した場合の取得価額は、原則として、その購入代価とその資産を事業の用に供するために直接要した費用の合計額となります。それ以外にも、引取運賃、荷役費、運送保険料、購入手数料などその資産の購入のために要した費用については取得価額に含まれます。

ただし、次に掲げるような費用については、減価償却資産の取得に関連して支出した費用であっても、取得価額に算入しないことができます。

① 下記の租税公課等

(1) 不動産取得税

(2) 新増設に係る事業所税

(3) 登録免許税その他登記又は登録のために要する費用

② 建物の建設等のために行った調査、測量、設計、基礎工事等でその建設計画を変更したことにより不要となったものに係る費用

③ 一旦結んだ減価償却資産の取得に関する契約を解除して、他の減価償却資産を取得することにした場合に支出する違約金

④ 減価償却資産を取得するための借入金の利子（使用を開始するまでの期間に係る部分）

⑤ 割賦販売契約などによって購入した減価償却資産の取得価額のうち、契約において購入代価と割賦期間分の利息や売手側の代金回収のための費用等が明らかに区分されている場合のその利息や費用

上記の①から⑤の費用は、取得価額に算入せず支出した事業年度の損金

に算入するか、取得価額に含めた後に減価償却費として期間に応じて損金の額に算入するかについて、納税者が選択することが可能です（法人税法施行令54条、法人税基本通達7-3-1の2、7-3-2、7-3-3の2）。

2 耐用年数

法人が中古の資産を取得して事業の用に供した場合には、その資産の耐用年数は、法定耐用年数ではなく、その事業の用に供したとき以後の使用可能期間として見積もることができる年数とすることができます。この使用可能期間の見積りが困難であるときは、次の簡便法により算定した年数を耐用年数とすることができます。

① 法定耐用年数の全部を経過した資産

その法定耐用年数の20％に相当する年数

② 法定耐用年数の一部を経過した資産

その法定耐用年数から経過した年数を差し引いた年数に経過年数の20％に相当する年数を加えた年数

上記の計算の結果、1年未満の端数があるときはその端数は切り捨てます。また、その年数が2年に満たない場合にはその耐用年数は2年とします。

3 時価よりも低額で取得した場合の取扱い

法人が建物を取得した場合の取得価額は、原則として購入代価とその資産を事業の用に供するために直接要した費用の合計額になります。ただし、時価よりも低い価額でその建物を取得した場合には、時価と取得価額と差額のうち贈与を受けたと認められる部分については受贈益としてその事業年度の益金の額に算入されます。

この時価よりも低い価額について、譲渡人である個人側では所得税法施行令169条に時価の2分の1を下回った場合と明記されていますが、法人税法ではこのような規定はありません。したがって、贈与と認められる金額があれば時価の2分の1以上の価額で購入した場合であっても受贈益課税が行われます。なお、この場合の建物の取得価額は購入代価ではなく取得したときの時価となります（法人税法22条2項、法人税法施行令54条1項）。

4 時価よりも高額で取得した場合の取扱い

法人が不当に高い価額で建物を取得した場合、その買入価額のうち実質的に贈与をしたものと認められた金額があるときには、買入価額から贈与をしたと認められる金額を控除した金額が取得価額とされます（法人税基本通達7-3-1）。

建物の譲渡者である個人がその法人の役員の場合、その贈与をしたと認められる金額は役員報酬となりますが、定期同額給与、事前確定届出給与のいずれにも該当しませんので、法人側では損金に算入することができません。また、その個人が役員ではなく従業員の場合には、給与として取り扱われることになりますが、役員の親族など特殊な関係のある者に対する給与のうち、不相当に高額な部分の金額については、法人側で損金の額に算入することはできません。なお、役員報酬であっても給与であっても源泉徴収漏れとなり不納付加算税が課税されることになります。その個人が役員又は従業員以外の場合には、法人側では寄附として取り扱われます（個人側では一時所得）ので、寄附金の損金算入限度額を超える部分の金額は損金の額に算入されません。

また、同族会社の行為又は計算で、これを容認した場合にはその同族会社の法人税の負担を不当に減少させる結果となると認められるものがあるときは、その行為又は計算にかかわらず、税務署長の認めるところにより、その法人に係る法人税等の額を計算することができるいわゆる同族会社の行為計算否認の規定があります（法人税法132条）。例えば、同族会社がその発行株式の大半を占める個人（その同族会社の従業員）から時価よりも高額で建物を取得した場合には、時価を超える部分については給与として損金算入されることになりますが、その同族会社の法人税の負担を不当に減少させる結果と認められた場合には、その給与は損金不算入として法人税の額が計算されることになります。

SECTION 10

法人が賃貸用建物を購入した場合の消費税の取扱い

1 消費税の計算の仕組み

消費税の計算は、課税売上に係る消費税額から課税仕入に係る消費税額を控除して計算します。なお、令和5年10月1日より適格請求書等保存方式が開始しており、適格請求書発行事業者が交付する適格請求書の保存が仕入税額控除の要件になります。

建物を購入する際に支払った対価には消費税が含まれおり、この支払った消費税は課税売上に係る消費税額から控除することができます。この場合に控除しきれない消費税額については確定申告によって還付されます。

2 還付を受けるためには

消費税の還付を受けるためには消費税の確定申告を行う必要がありますが、消費税の確定申告を行うためには、例えば、次のような課税事業者又は課税事業者となることを選択した事業者であることが必要です。

(1) 基準期間（前々事業年度）の課税売上高が1,000万円を超える法人

(2) 課税事業者選択届出書を提出した法人

(3) 基準期間がない法人のうち、その事業年度の開始の日における資本金の額が1,000万円以上の法人

不動産の法人化のために新たに法人を設立した場合、設立1期目においては基準期間がありませんので、課税事業者となるためには課税事業者選択届出書を提出するか、設立時の資本金を1,000万円以上に設定する必要があります。

原則的な取扱いにおいては、課税事業者選択届出書を提出した場合、その届出書を提出した日の属する課税期間の翌課税期間から課税事業者となるため、建物を購入しようとする課税期間の開始日の前日までに提出しておかなければなりません。ただし、新設された法人の設立1期目については課税事業者選択届出書を提出した日の属する課税期間、つまり設立1期目から課税事業になることができるため、消費税の還付申告を行うことができます。なお、簡易課税制度の選択届出書を提出している場合には還付申告を行うことはできません。提出する届出書の種類及び提出期限の確認はもちろん、過去に提出した届出書についても確認を怠らないように気を付けましょう。

3 居住用賃貸建物に関する法改正

原則として、建物を購入するために支払った対価に係る消費税は、課税売上に係る消費税額から控除することができます。ただし、税制改正が行われたことにより令和2年10月1日以降の「居住用賃貸建物」の購入のために支払った対価に係る消費税額については、仕入税額控除の対象にはならないことになりました。「居住用賃貸建物」とは、法別表1十三号に掲げる「住宅の貸付け」の用に供しないことが明らかな建物以外の建物で、購入金額又は建築価額が一の取引単位につき1,000万円（税抜き）以上に該当するものをいいます。

簡単な例で示すと、法人が個人から購入する賃貸用建物が居住用アパートの場合には、その購入対価に係る消費税は課税売上に係る消費税額から控除できないため、消費税の還付を受けることができなくなりました。

なお、この規定によって仕入税額控除の対象とならなかった居住用賃貸建物に係る課税仕入等の税額がある場合に、次の①又は②のいずれかに該当するときは、それぞれ一定の方法により仕入税額控除を調整し、課税売上に係る消費税から控除することができます。

①　その居住用賃貸建物の仕入等の日の属する課税期間の開始の日から3年を経過する日の属する課税期間（第3年度の課税期間）の末日にその居住用賃貸建物を有しており、かつ、その居住用賃貸建物の全部または一部を第3年度の課税期間の末日までに住宅の貸付以外の貸付の用に供した場合

次の算式で計算した消費税額を第3年度の課税期間の仕入控除税額に加算します。

加算する消費税額	＝	居住用賃貸建物の課税仕入に係る消費税額	×	（A）のうち住宅の貸付以外の貸付けの用に供した部分の金額 ／ 調整期間に行った居住用賃貸建物の貸付けの対価の額の合計額（A）

②　その居住用賃貸建物の全部又は一部を譲渡した場合

次の算式で計算した消費税額を、譲渡した日の属する課税期間の仕入税額控除額に加算します。

加算する消費税額	＝	居住用賃貸建物の課税仕入に係る消費税額	×	（B）のうち住宅以外の貸付けの対価の額＋（C）の金額 ／ 居住用賃貸建物の貸付けの対価の額*（B）＋居住用賃貸建物の譲渡対価の額（C）

*仕入等の日から譲渡した日までの期間に係るもの

なお、事務所やテナントなどの用に供されている賃貸建物は上記の居住用賃貸建物に該当しないため、購入対価に係る消費税について仕入税額控除の対象となります。したがって、課税売上に係る消費税から控除しきれない消費税額がある場合には、従来どおり消費税の還付を受けることができます。

4 まとめ

建物を購入した法人が、建物の購入に係る消費税の還付を受けるためには、購入する課税期間において課税事業者であることが必要です。なお、簡易課税制度の選択届出書を提出している場合には、課税事業者であっても還付申告を行うことはできません。また、その建物が居住用賃貸建物に該当する場合には、一定の場合を除いて仕入税額控除の対象になりません。消費税は比較的ミスが多い項目ですので、届出書の提出の有無及び提出時期ならびに税制改正項目の確認を怠らないように気を付けましょう。

SECTION 11

インボイス制度

令和5年10月1日から、消費税の仕入税額控除の方式として適格請求書等保存方式（以下、インボイス制度といいます）が開始されました。インボイス制度の下では、税務署長に申請して登録を受けた課税事業者である「適格請求書発行事業者」が交付する「適格請求書等」（以下、インボイスといいます）の保存が仕入税額控除の要件となります。

1 インボイス制度の概要

インボイス制度とは、令和5年10月1日から開始した仕入税額控除の方式のことをいいます。この制度の創設により、仕入先が消費税の納税額の計算方法である「仕入税額控除」を適用するためには、販売先から交付されるインボイスの入手と保存が必要になります。

販売先がインボイスを交付するためには、事前に適格請求書発行事業者の登録を受ける必要があります。適格請求書発行事業者として登録を受けられるのは消費税の課税事業者に限られているため、自身が免税事業者である場合には課税事業者になる必要があります。その結果、これまで必要なかった消費税の申告、納付が発生することに加え、消費税に関する事務処理、管理が必要になるため事務負担が増加することが考えられます。

2 インボイス制度における仕入税額控除の適用要件

仕入先がインボイス制度の下で、仕入税額控除を適用するためには次の事項について確認する必要があります。

① 販売先が適格請求書発行事業者であること

② インボイスに必要事項が記載されていること

⑴ 発行者の氏名又は名称及び登録番号

⑵ 取引年月日

⑶ 取引内容（軽減税率の対象品目である旨）

⑷ 税率ごとに区分して合計した対価の額及び適用税率

⑸ 消費税額等

⑹ 書類の交付を受ける事業の氏名又は名称

③ インボイスの保存

3 不動産の法人化におけるインボイス制度について

不動産の法人化では、個人の所有する賃貸用建物を法人に譲渡しますが、法人側で仕入税額控除を適用するには、SECTION 10並びに前述2のように一定の要件を満たすことが必要です。

不動産の売買においては、譲渡契約書に基づく不動産の引渡しと同時に売買代金の決済を行うため実務的には請求書を発行することはなく、インボイスの発行並びに保存はどのように行うか疑問が生じるところです。

インボイスとは「請求書，納品書その他これらに類する書類」とされているため、契約書はインボイスに該当しません。したがって、仮にインボイスに必要な事項を全て記載してある売買契約書を作成したとしても、契約書自体はインボイスに該当しないため、仕入先は仕入税額控除を行うことはできません。この場合は、インボイスに必要な事項を全て記載した領収書を交付することで対応することになります。

4 インボイスの経過措置

インボイス制度の実施後は、免税事業者などの適格請求書発行事業者以外から行った課税仕入れに係る消費税額についてはインボイスの交付を受けることができないため、仕入税額控除を行うことができません。ただし、経過措置によりインボイス制度の実施後6年間については、仕入税額相当額の一定割合について仕入税額控除が認められています。

(1) 令和8年9月30日まで

仕入税額相当額の80%控除可能

(2) 令和11年9月30日まで

仕入税額相当額の50%控除可能

なお、仕入税額控除の経過措置の適用を受けるためには、免税事業者等から受け取る区分記載請求書等と同様の事項が記載された請求書等の保存が必要なほか、経過措置を受ける旨を記載した帳簿の保存が必要になります。

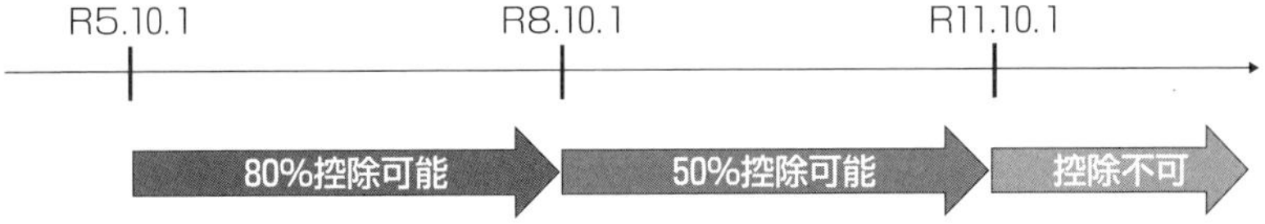

5 まとめ

インボイス制度の開始により、不動産の法人化により賃貸用建物を購入した場合の仕入税額控除の取扱いがより複雑になりました。建物を購入する法人側の課税上の取扱いだけでなく、建物を譲渡する個人について適格請求書発行事業者に該当するか否か確認しなければなりません。仮に個人が免税事業者の場合には、適格請求書発行事業者の登録をするかどうか選択しなければなりません。消費税については不動産の法人化に関する税効果やキャッシュフローに与える影響が大きくなることもあるため事前にしっかりと検証を行ったうえで実行する必要があります。

SECTION 12

不動産を譲渡した場合に発生する流通税

流通税とは、不動産の取引や移転など流通の際に課税される税金の名称です。主なものとして登録免許税、不動産取得税があります。

1 登録免許税

売買や相続などによる所有権の移転の登記、抵当権の設定の登記などの申請をする場合には、登録免許税を納付する必要があります。ただし、相続による所有権の移転の登記など一定の要件を充足する場合には、非課税や軽減制度が適用できる場合もあります。主な登録免許税の計算方法は以下のとおりです。

① 売買による土地・建物の所有権の移転登記

固定資産税評価額（課税標準）×2%(*)

(*) 土地については令和8年3月31日までの間に登記を受ける場合の税率は1.5%となります。

② 抵当権の設定登記

債権金額（課税標準）×0.4%

③ 抵当権の抹消登記

不動産1個につき1,000円

2 不動産取得税

不動産取得税とは、土地や家屋の購入や贈与、家屋の建築などで不動産を取得した場合にその取得者に課税される税金です。不動産の取得について、有償はもちろん無償であっても課税の対象となります。また、登記の有無、取得原因は問いませんので、贈与や等価交換でも課税されます。ただし、相続による取得など一定の要件を充足する場合には、非課税や軽減制度が適用できる場合もあります。

【算式】

固定資産税評価額（課税標準）×税率＝不動産取得税額

【税率】

取得日	土地	家屋（住宅）	家屋（非住宅）
平成20年4月1日 ～ 令和9年3月31日	3%		4%

令和9年3月31日までに宅地等（宅地及び宅地評価された土地）を取得した場合、当該土地の課税標準額は価格の2分の1となります。

3 まとめ

個人から売買により賃貸用建物を取得した法人は、所有権の移転に係る登録免許税及び不動産取得税が課税されます。その賃貸用建物に抵当権が設定されていた場合にはその抹消登記として、賃貸用建物を購入する際に借入れをする場合には抵当権設定の登記費用として登録免許税がかかります。これらの手続きを司法書士に依頼する場合には、別途司法書士に対して支払う報酬が発生します。

不動産の法人化の実行に係るコストにおいて、登録免許税や不動産取得税などの流通税は大きな支出になるため、事業計画に与える影響も大きくなることが想定されます。不動産の法人化を検討する際には不動産の評価額を基にどのくらいの費用が発生するか考慮しておきましょう。

SECTION 13
不動産の法人化と借地権設定時の課税関係

1 借地権とは

借地借家法において借地権とは、「建物の所有を目的とする地上権又は土地の賃貸借」のことをいいます（借地借家法2条）。したがって、建物ではない構築物の設置、駐車場、資材置き場を目的とする土地の賃貸借については借地権に該当しません。

一方で、税法における借地権は各税法によって定義が異なっており、具体的には次のように規定されています。

① 所得税法上の借地権

所得税法上の借地権は、「建物若しくは構築物の所有を目的とする地上権若しくは賃借権」のことをいいます（所得税法施行令79条）。下記③の相続税と比べると構築物に係る部分だけ借地権の範囲が広がっています。

② 法人税上の借地権

法人税法上の借地権は、「地上権又は土地の賃借権」のことをいいます（法人税法施行令137条）。所得税と同様に建物や構築物の所有を目的として他人の土地を賃借した場合はもちろん、資材置き場や駐車場を更地のまま使用する賃借権も借地権に含まれます。

③ 相続税法上の借地権

相続税法では借地権の規定はありませんが、財産評価基本通達において借地権は、「建物の所有を目的とする地上権及び賃借権」に限られていて、借地借家法2条に規定する借地権の範囲と同じ取扱いとなっています。

2 借地権設定時の課税

権利金を授受する取引上の慣行がある地域において、借地権の設定があった場合には、権利金の授受が行われるということを前提に税務上の取扱いが定められています。そのような地域において、不動産の法人化により個人から法人に対して賃貸用建物の譲渡が行われた場合における借地権に係る税務上の取扱いについて、権利金の授受の有無を中心に確認してみましょう。

① 土地の賃貸借に際して権利金の授受がある場合

(i) 権利金を受け取る個人側の取扱い

個人が法人に対して建物の所有を目的として土地を賃借した場合に、法人から受け取った権利金などの一時金は、原則として、借地権の貸付けの対価とされ不動産所得として取り扱われます(所得税法26条)。

ただし、借地権の設定の対価として法人から受け取った権利金が多額な場合には、土地の一部を譲渡したことと実態が変わらない場合があります。所得税法の規定においては、受け取った権利金の額がその土地の時価の50%を超える場合には、資産の譲渡があったものとして分離課税の譲渡所得として取り扱われることになります(所得税法施行令79条)。

① その土地の時価×50%≧権利金
　⇒借地権の貸付けとして不動産所得
② その土地の時価×50%＜権利金
　⇒分離課税による譲渡所得

(ii) 権利金を支払う法人側の取扱い

法人が支払った権利金の額は、無形固定資産（借地権）として資産計上します。借地権は土地と同じく時の経過により価値が減少しない資産のため、減価償却を行うことはできません。

② 相当の地代の支払いがある場合

(i) 相当の地代の支払いを受け取る個人側の取扱い

権利金の収受に変えて相当の地代を授受している場合、法人から受け取った地代相当額は借地権の貸付けの対価とされ不動産所得として取り扱われます。

(ii) 相当の地代を支払う法人側の取扱い

法人が借地権の設定の際に、権利金の授受の慣行があるにもかかわらず、権利金を授受しないときには、借地権を無償で譲り受けたものとみなして、借地権の認定課税が行われることになります。

ただし、権利金の授受に代えて相当の地代を支払っているときは、この借地権の設定に係る取引は正常な取引条件で行われたものとして、借地権の認定課税は行われません。この際に法人が支払った地代については損金の額に算入されます（法人税法22条、法人税法施行令137条）。

この場合の相当の地代の額は、原則として、その土地の更地価額の概ね年6％程度の金額とされていますが、通常の権利金の額に満たない権利金の授受があった場合であっても、次の算式による地代の支払いがある場合には、借地権の認定課税は行われることはありません。

（土地の更地価額－授受した権利金）×6％

この土地の更地価額とは、その借地権設定時における当該土地の時価

（通常の取引価額）のことをいいますが、課税上弊害がない場合に限り次のいずれかの方法で算定した価額によることも認められています。

(ア) その近傍類地の公示価格や基準価格から合理的に算定した価額

(イ) 財産評価基本通達により計算した価額

(ウ) 財産評価基本通達により計算した価額の過去3年間における平均額

したがって、相当の地代の計算方法をまとめると下図のように4つの方法となります（法人税法施行令137条、法人税基本通達13-1-2、平成元年3月30日直法2-2）。

【相当の地代の計算方法】

①	当該土地の通常の取引価額×6%
②	当該土地の公示価格等から合理的に算定した価額×6%
③	当該土地の相続税評価額×6%
④	当該土地の相続税評価額の過去3年間の平均額×6%

③ 権利金及び相当の地代の授受がない場合

(i) 個人側の取扱い

権利金や相当の地代の授受がなく個人から法人に土地を賃貸した場合でも、借地権の設定に関して個人に対して課税関係は生じません。所得税法上の所得は、その年において収入すべき金額とされているためです（所得税法36条）。

(ii) 法人側の取扱い

法人が借地権の設定の際に、権利金の授受の慣行があるにもかかわらず、権利金を授受しないときや権利金の授受に代えて相当の地代の支払いがない場合には、本来、法人が支払うべき権利金を支払わず借地権を無償で譲り受けたものとみなされるため、借地権の認定課税が行われることになります。

④ 無償返還届出の提出がある場合

借地権の設定において、③のように権利金や相当の地代の授受がない場合であっても、その借地権の設定に係る契約書において将来借地人である法人がその土地を無償で返還することが定められている場合で、かつ、その旨を「土地の無償返還に関する届出書」において個人及び法人の連名で遅滞なく納税地の所轄税務署長に届け出た場合には、借地権の認定課税は行われません（法人税基本通達13-1-7）。

⑤ 無償返還届出の背景

借地権の設定において権利金や相当の地代の授受がない場合には、原則として、借地人である法人に対して借地権の認定課税が行われますが、この取扱いは利害関係のない第三者間における通常の取引慣行及びその課税上の取扱いを、同族会社とその代表者の間のような特殊関係者間においても同様に取り扱うべきであるという考え方に基づくものとされています。

一方で、同族会社がその代表者である個人やその親族から土地を借りた場合に、借地権の権利について主張（例えば、明渡しの拒否や第三者への譲渡）がされることは常識的に考えにくく、利害関係のない第三者間の取引同様に権利金の授受があることを前提に借地権に関する課税を行うことは経済実態に即さない面もあると考えられます。したがって、地主及び借地人の当事者間で将来的に借地権が無償で返還されることが契約書によって明確にされている場合には、「土地の無償返還に関する届出」を連名で所轄税務署に提出することで、税務上もその事情を踏まえて借地権の認定課税は行われないものとされています。

3 まとめ

不動産の法人化を行う場合、賃貸用建物のみを法人に譲渡するケースが多くみられます。この場合、法人側において借地権の認定課税を回避するためには、次のいずれかの方法を選択することになります。

① 権利金を支払う

② 相当の地代を支払う

③ 土地の無償返還に関する届出を提出する

同族会社とその代表者である個人の間では、資金繰りや収支面を考慮すると権利金の授受や相当の地代の支払いを行わなくてもよい「土地の無償返還に関する届出」を提出することが一般的です。不動産の法人化による賃貸用建物の譲渡によって土地の所有者が個人、賃貸用建物の所有者が法人となった際には、借地権の設定があったものとされるため、課税関係については事前に検討を行い、思わぬ課税が生じないように気を付けましょう。

SECTION 14 賃貸用建物を個人から法人へ贈与した場合の取扱い

ここまで、不動産の法人化を行う際に、賃貸用建物を法人に対して時価で譲渡するという前提で述べてきましたが、賃貸用不動産の所有権を法人に移転する方法として、時価で譲渡する以外に無償で贈与することも可能です。個人が所有する賃貸用不動産を法人へ贈与した場合の課税関係の取扱いは次のようになります。

1 賃貸用建物を贈与する個人側の取扱い

SECTION 8で解説したように、個人から法人に対して賃貸用建物を時価の2分1未満の価額によって譲渡した場合には、そのときの時価により譲渡が行われたものとみなして譲渡所得の金額の計算が行われます。この場合の譲渡には贈与も含まれますので、例えば、個人が法人に時価1億円の賃貸用不動産を贈与した場合には、この1億円を収入金額とみなして譲渡所得の課税が行われることなります。個人は実際に受け取った金銭が全くないにもかかわらず、所得税の負担が生じます。

2 賃貸用建物を受贈する法人側の取扱い

SECTION 9で解説したように、法人が個人から賃貸用建物を時価よりも低い価額で取得した場合、時価と取得価額と差額のうち贈与を受けたと認められる部分については、受贈益としてその事業年度の益金の額に算入されます。したがって、無償で賃貸用建物を取得した場合には、その賃貸用不動産の時価相当額が受贈益として益金の額に算入されることになります。

3 賃貸用建物を受贈する法人の株主の取扱い

法人の株式の価額が、当該法人に対して財産の贈与があったことに起因して増加したときは、当該法人の株主の株式の価額のうち財産の贈与を受けたことにより増加した部分に相当する金額を、その財産を提供した者から贈与によって取得したものとして贈与税の課税が行われることになります。この規定は、法律的には贈与に該当しない場合でも、法人に財産を移転し、その法人の価値（株式の価額）を増加させることで、実質的に贈与者から株主への贈与と同じ効果が生じる場合があるため、そのような法人を迂回した租税回避行為を防止し、課税の公平の観点から設けられた規定です（相続税法基本通達9-2）。

したがって、個人から法人に賃貸用建物を贈与する際に、当該法人の株主の中に賃貸用建物を贈与する個人以外の者がいる場合には、この贈与課税が生じていないか確認する必要があります。具体的には、個人から法人に賃貸用建物の贈与があった場合には、各株主の株価が贈与の前後にどれだけ増加したか算定を行い、各株主が年間の贈与額が基礎控除額である110万円を超えるかどうか判断することになります。基礎控除を超える場合には、贈与税の申告・納税を行う必要があります。ただし、次のような場合にはみなし贈与の問題は生じません。

① 個人から法人に対して賃貸用建物を贈与した前後において当該法人の株式の価格の増加がない場合

このケースは、債務超過の会社に対して賃貸用建物の贈与を行ったが、贈与後も債務超過のままである場合などが当てはまります。ここでいう債務超過とは、決算書上の債務超過ではなく、株式の価額を算定上の債務超過のことをいいます。

② 法人の株主が贈与を行った個人のみである場合

このケースは、贈与者である個人と法人の株主が同一人物の場合です。贈与によって法人の株式の価額が増加したとしても、贈与者である個人自身が有する株式の価額が増加しただけですので贈与の対象にはなりません。

4 賃貸用建物の贈与が有効な場合

次のようなケースにおいては、税金の負担が少ないことが想定されるため、個人から法人への賃貸用建物の贈与が有効な場合もあります。

① 譲渡所得税の負担が少ない場合

贈与する賃貸用建物の時価とその取得費の差が少ない場合には、譲渡所得は大きくないため、個人から法人に対して贈与を行っても譲渡所得税の負担は少なくなります。

② 受贈益課税の負担が少ない場合

贈与を受ける法人の事業年度において他の取引において損失が生じていたり、過年度から繰り越された欠損金があるなど、賃貸用建物の受贈益と相殺できる損失がある場合には、法人税の負担は少なくなります。

③ みなし贈与課税の負担が少ない場合

賃貸用建物の贈与前後において法人の株式の価額が大きく変わらない場合には、みなし贈与に係る贈与税の負担は少なくなります。また、法人の株主が贈与者のみである場合には、みなし贈与の問題は生じません。

5 まとめ

不動産の法人化を行う際に、賃貸用建物を個人から法人に贈与することは、課税上の観点からあまり多くないものと思われます。しかし、上記のような一定の場合には、懸念点である課税上の問題が解消されるため、賃貸用建物の譲渡とあわせて贈与についても検討の余地が生まれます。法人化の検討にあたっては、総合的な判断が求められますので、各種税法の取扱いについても横断的に判断することが必要となります。

SECTION 15 賃貸用不動産を現物出資した場合の取扱い

不動産の法人化を行う際には、個人が所有する賃貸用建物を法人に対して時価により譲渡する方法が一般的です。また、SECTION 14のように個人から法人に賃貸用建物を贈与する方法もあります。その他の手法として、法人を設立する際に個人が所有する賃貸用建物を現物出資するという方法があります。

1 現物出資とは

会社設立の形態としては金銭出資によることが一般的ですが、出資の全部又は一部を金銭以外の資産により行うことも可能です。このような金銭以外の資産による出資のことを現物出資といいます。なお、現物出資は会社設立時だけでなく、新たに株式を発行するとき（増資）でも行うことができます。

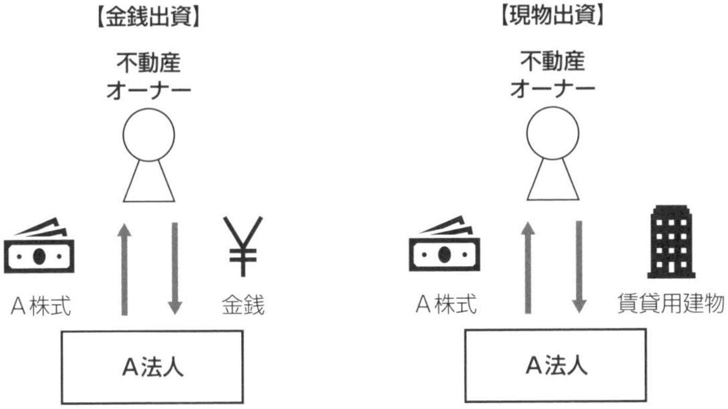

2 現物出資の留意点

現物出資を行う場合には、その資産の価額を決めるために、原則として裁判所が選任した検査役の調査を受けなければなりません。ただし、次のような場合には、検査役の調査は不要とされています（会社法207条9項）。

① 現物出資者に割り当てる株式の総数が発行済株式総数の10 分の1を越えない場合

② 現物出資財産につき募集事項として定めた価額の総額が500万円を超えない場合

③ 市場価格のある有価証券を市場価格を超えない価額で現物出資する場合

④ 現物出資財産の価額が適正であることについて弁護士、弁護士法人、公認会計士、監査法人、税理士、税理士法人の証明を受けた場合（現物出資財産が不動産であるときは、これに加えて不動産鑑定士の鑑定評価書の添付が必要です）

⑤ 現物出資財産がその株式会社に対する金銭債権（返済期が到来しているもの）であって、当該金銭債権の価額が当該金銭債権に係る負債の帳簿価格を超えない場合

3 賃貸用建物を現物出資した場合の課税関係

① 賃貸用建物を現物出資する個人側の取扱い

譲渡所得の基となる資産の譲渡には、法人に対する現物出資も含まれます。したがって、法人に現物出資した場合には、所得税の課税対象とされます。

この場合の譲渡収入金額は、現物出資した不動産の時価ではなく、現物出資により取得した株式の時価となります。

ただし、その価額が現物出資した不動産の時価の2分の1未満の場合には、現物出資した不動産の時価が収入金額とみなされます。例えば、現物出資により取得した株式の価額を3,000万円とした場合であっても、現物出資した賃貸用建物の時価が1億円である場合には、現物出資した賃貸用建物の時価1億円を収入金額とみなして譲渡所得の計算を行います。個人は実際に受け取った金銭が全くないにもかかわらず、所得税が課税されてしまう点については、贈与のときと同様に注意が必要です。

② 賃貸用建物の出資を受ける法人側の取扱い

現物出資により賃貸用建物を取得した法人において、この取引は出資の受入れになりますので、資本取引として会計上は純資産が増加し、税務上は資本金等の額が増加することになります。なお、SECTION 14では、法人が個人から賃貸用建物を時価よりも低い価額で取得（贈与を含む）した場合には、時価と取得価額と差額のうち贈与を受けたと認められる部分については受贈益としてその事業年度の益金の額に算入されましたが、現物出資の場合には資本取引に該当するため、原則として法人側での課税関係は生じません。

③ 消費税の取扱い

消費税は、国内において事業者が行った資産の譲渡等に対して課されます（消費税法4条）。

この「資産の譲渡等」の範囲は、金銭以外の資産の出資（現物出資）が含まれているため、現物出資は消費税の課税の対象となります（消費税法施行令2条1項2号）。これは、金銭出資で法人を設立した後にその出資金を基に賃貸用建物の売買が行われた場合と賃貸用建物を現物出資した場合の経済効果が同様であることから、消費税ついても同様の取扱いにしたものとされています。消費税は、課税資産の譲渡等の対価の額、つまり資産の譲渡などで受け取る金額を課税標準としています。現物出資の場合には受け取る金額がないため、その現物出資により取得する株式の時価を消費税の課税標準にすることになっています（消費税法施行令45条2項3号）。

法人が建物を現物出資により取得した場合には仕入税額控除の対象になります。ただし、その賃貸用建物が「居住用賃貸建物」に該当する場合には、その居住用賃貸建物に係る課税仕入れ等の税額については、原則として仕入税額控除の対象にはなりません。

④　資本金の増加

現物出資は、金銭出資と異なり、その資産の価額が出資金の額となりますので、賃貸用建物を現物出資する場合には、その出資額が大きくなる場合があります。資本金が1億円を超える法人は、軽減税率、繰越欠損金の全額控除、減価償却計算における特例、留保金課税など、様々な法人税の計算上の優遇措置の適用を受けることができなくなります。また、資本金が1,000万円を超えると、消費税の納税義務者判定や法人住民税の均等割の計算においても不利になります。現物出資で法人を設立する際はその点についても考慮しておくことが必要です。

⑤　法人の株主の取扱い

現物出資を受ける法人の株式の価額が、時価より著しく低い価額で現物出資があったことにより増加したときは、増加した株式の価額に係る経済的利益をその現物出資をした者から贈与によって取得したものとして贈与税の課税が行われることになります（相続税法基本通達9-2）。

4 賃貸用建物の現物出資が有効な場合

現物出資する賃貸用建物の取得費と時価の差が少ない場合には、譲渡所得が大きくならないため、個人から法人に対して現物出資を行っても、譲渡所得税の負担は少なくなります。現物出資の場合は、資本取引に該当しますので、受け取った法人に対して法人税の課税は生じません。また、現物出資をその資産の時価で行うことで、株主へのみなし贈与の問題も回避することができます。

このように一定の条件が上手く整った場合には、譲渡や贈与に比べて少ない資金で不動産の法人化を実行することができますので、現物出資による不動産の法人化が有効な場合もあるものと考えます。

いずれにせよ法人化の検討にあたっては、総合的な判断が求められますので、各種税法の取扱いについても総合的に判断することが必要となります。

SECTION 16

株式会社の設立手続き

不動産の法人化により所得分散を行うためには、賃貸用建物を法人が所有する必要がありますので、既に法人を所有していて、その法人を活用するということでなければ、新たに法人を設立する必要があります。ここでは設立時の出資金を金銭で払い込む場合の株式会社の設立の方法について確認していきます。

1 株式会社の設立の流れ

① 発起人の決定

株式会社の設立にあたって、資本金の出資や定款作成など会社設立までの手続きを進める発起人を決める必要があります。発起人となる人は1株以上の出資が必要となりますので、設立する会社の株主構成もあらかじめ検討しておかなければなりません。

② 基本事項の決定

会社の目的（事業内容）、商号（社名）、本店所在地、資本金の額、役員構成、決算期などの会社の基本的な事項を決定します。なお、これらの事項は後から変更することも可能です。

③ 定款作成

定款とは、会社の根本となる重要な規則で、会社の憲法ともいわれています。定款の記載事項には、絶対的記載事項、相対的記載事項及び任意的記載事項の3種類があります（会社法27条、28条、29条）。

(i) 絶対的記載事項

絶対的記載事項とは、会社法上必ず記載しなければならない次の5つの事項です。

(ア) 目的

(イ) 商号

(ウ) 本店の所在地

(エ) 設立に際して出資される財産の価額又はその最低額

(オ) 発起人の氏名又は名称及び住所

(ii) 相対的記載事項

相対的記載事項とは、会社法の規定により定款に定めがなければその効力を生じない事項をいいます。主な相対的記載事項としては次のようなものがあります。

(ア) 株式の譲渡制限（会社法107条2項1号）

(イ) 取締役会、監査役等を置くことができる旨（会社法326条2項）

(ウ) 公告方法（会社法939条1項）

(iii) 任意的記載事項

任意的記載事項とは、定款の記載事項のうち、絶対的記載事項及び相対的記載事項以外の事項で会社法の規定に違反しないものをいいます。主な任意的記載事項としては次のようなものがあります。

(ア) 定時株主総会の招集時期

(イ) 株主総会の議長

(ウ) 取締役や監査役の数

(エ) 事業年度

④　定款認証

定款の作成が終わったら、本店所在地を管轄する法務局又は地方法務局所属の公証人の認証を受けなければなりません（会社法30条1項、公証人法62条の2）。公証人の認証により、その定款の記載内容が法令上適切であるかどうかをチェックし、問題のない定款であることを証明してもらいます。この公証人による定款認証には、発起人の印鑑証明書と認証手数料として3万円ないし5万円が必要になります。

法務局に定款を提出する際に、紙の定款を提出する場合には4万円の収入印紙が必要になりますが、電子定款による手続きであれば収入印紙は不要です。電子定款による手続きを行う場合には、電子署名が必要になるため通常は司法書士などの専門家に依頼することになります。会社設立にあたっては、会社法をはじめ専門的な知識も要しますので、必要に応じて司法書士などの専門家に依頼することをおすすめします。

定款認証については、日本公証人連合会のホームページにも詳しく記されています。

⑤　会社印の作成

会社の設立登記の際には、会社の印鑑を届け出る必要がありますので、商号（社名）が決定したら代表者印（実印）や銀行印、角印などを必要な印鑑一式を作成しておきましょう。

⑥　出資金の払込み

発起人は出資金の払込みを行います。ただし、この時点ではまだ会社が設立される前のため、会社名義の口座を作ることができません。そのような場合には、発起人自身の口座に出資金を振り込み、申請の際には、資本金が払い込まれた口座の通帳の表紙、裏表紙（支店名、口座番号、口座名義人が記載されているページ)、振込記録のあるページをコピーして、「払込みを証する書面」とともに申請の際に提出します。出資金の払込みを行ったことが一目で分かるように、振込みにより行うことが必要です。

⑦　登記申請

設立登記は、本店所在地を管轄する法務局に申請します。

設立登記の申請には、「株式会社設立登記申請書」、「登録免許税の収入印紙貼付台紙」、「定款」、「設立時取締役の就任承諾書」、「取締役の印鑑証明書」、「払込みを証する書面」、「印鑑届書」などの書類を提出します。これらの必要書類は定款の記載内容などによって異なりますので、自分で登記申請を行う際には法務局に確認することをおすすめします。最近はインターネット上の様々なウェブサイトで設立登記の方法が紹介されていますので自ら調べることも可能ですが、確実に行うためには法務局の登記相談窓口や司法書士に相談しながら進めた方がよいでしょう。

設立登記の際の登録免許税は、資本金の1000分の7の金額です。ただし、この額が15万円に満たない場合には15万円となります。仮に資本金を1,000万円とすると、1000分の7を乗じた金額は7万円となりますが、15万円に満たないため登録免許税は15万円となります。

登記申請の詳細は法務局のホームページでも確認することができます。

⑧　設立後に必要な手続き

会社の設立登記が終わったら、所轄税務署に対して法人設立届出書、青色申告の承認申請書や給与支払事務所等の開設届出書などを提出します。また、消費税に関しては、書類の提出を失念するケースが多いため、設立する法人が課税事業者となるのか、簡易課税事業となるのかなど確認を行い、提出が必要な書類とその提出期限をあらかじめ確認しておきましょう。

自身で手続きを行うことが難しい場合には税理士に依頼しましょう。

また、年金事務所やハローワークへ書類する提出については所轄の年金事務所やハローワークに確認するか、社会保険労務士に相談して手続きに不備がないように進めます。

金融機関で口座を開設できるのは設立登記が完了してからです。口座の開設が終わったら発起人個人の口座に振り込まれている出資金を法人口座に異動させることを忘れないようにしましょう。

2 まとめ

新たに会社を設立するためには、書類作成や必要書類の準備、定款認証や資本金の払込みなど、通常であれば登記申請までに2〜3週間ほどみておくといいでしょう。手続きをスムーズに行うためには、司法書士等の専門家に依頼することをおすすめします。

SECTION 17

合同会社の設立手続き

会社の形態として、株式会社以外にも合同会社という形態があります。ここでは合同会社の設立手続きと株式会社との比較について解説していきます。

1 合同会社の設立の流れ

合同会社の設立手続きは、株式会社の設立手続きと基本的には変わりありませんが、大きな違いとして、株式会社の設立の際に必要となる定款の認証の手続きが不要ということが挙げられます。

① 基本事項の決定

株式会社の場合と同様に、会社の目的（事業内容）、商号（社名）、本店所在地、資本金の額、決算期などの会社の基本的な事項を決定します。

② 定款作成

合同会社でも株式会社と同様に定款の作成を行います。定款の記載事項には、絶対的記載事項、相対的記載事項及び任意的記載事項の3種類があります（会社法576条、577条）。

(i) 絶対的記載事項

合同会社の定款には次の事項を記載しなければなりません。

(ア) 目的

(イ) 商号

⑾ 本店の所在地

㈠ 社員の氏名又は名称及び住所

㈡ 社員の全部を有限責任社員とする旨

㈢ 社員の出資の目的及びその価額又は評価の標準

(ii) 相対的記載事項

主な相対的記載事項として次のようなものがあります。

㈦ 持分の譲渡の要件（会社法585条4項）

㈧ 業務執行社員の指名又は選任方法（会社法590条1項）

⑾ 社員又は業務執行社員が2人以上ある場合における業務の決定方法（会社法590条2項、591条1項）等

(iii) 任意的記載事項

定款の記載事項のうち、絶対的記載事項及び相対的記載事項以外の事項で会社法の規定に違反しないものをいい、次のようなものがあります。

㈦ 業務執行社員の員数

㈧ 業務執行社員の報酬

⑾ 事業年度 等

③ 定款認証

株式会社と異なり、合同会社の場合には作成した定款を公証人に認証してもらう必要はありません。したがって、定款認証の手数料は不要です。

法務局に定款を提出する手続きについては、株式会社と同様の取扱いとなります。したがって、紙の定款を提出する場合には4万円の収入印紙が必要ですが、電子定款の場合であれば収入印紙は不要です。

④　会社印の作成

設立登記の際に会社の印鑑を届け出る点は株式会社と変わりません。商号が決定したら代表者印（実印）や銀行印、角印などを必要な印鑑一式を作成しておきましょう。

⑤　出資金の払込み

出資金の払込みについても株式会社と変わりません。出資金の払込みの時点では会社はまだ設立されていませんので、会社名義の口座はありません。したがって出資者自身の口座に出資金を払い込むことになりますが、出資金と分かるように必ず振込みによる入金をしてください。この払い込まれた口座の通帳の表紙、裏表紙（支店名、口座番号、口座名義人が記載されているページ）、振込記録のあるページのコピーと「払込みを証する書面」を申請の際に提出することになります。

⑥　登記申請

株式会社と同様、本店所在地を管轄する法務局に申請します。

設立登記の申請には、「合同会社設立登記申請書」、「登録免許税の収入印紙貼付台紙」、「定款」、「代表社員の印鑑証明書」、「払込みを証する書面」、「印鑑届書」などの書類が必要ですが、これらの必要書類は定款の記載内容などによっても異なりますので注意してください。

設立登記の登録免許税は資本金の1000分の7の額ですが、この額が6万円に満たない場合は6万円になります。資本金の額にもよりますが、合同会社の方が株式会社よりも登録免許税を低く抑えることができます。

⑦　会社設立後の手続きについて

会社設立登記が終わった後の手続きについては株式会社と同様です。

2 株式会社と合同会社との比較

株式会社と合同会社の主な違いとして次のことが挙げられます。

	株式会社	合同会社
定款認証	手数料3～5万円	不要
登録免許税	資本金の1000分の7 （最低15万円）	資本金の1000分の7 （最低6万円）
役員任期	最長10年	任期なし
課税上の取扱い	同じ	
知名度	高い	低い

株式会社と合同会社の違いについては様々あります。法人を設立・運営していく当事者によっても重視するポイントは変わりますが、不動産の法人化による所得分散のため賃貸用建物を所有することを目的とする場合には、株式会社と合同会社のどちらを選択しても支障がないものと思われます。初期コストを抑えたい場合には、合同会社を選択しましょう。

第3章

相続税（財産評価）と出口戦略に関する事項

SECTION 18

不動産の法人化と相続税への影響

不動産の法人化の主な目的は所得の分配による所得税の節税です。ただし、個人が所有している賃貸用建物を法人へ譲渡する場合には、相続税への影響についても事前に確認しておきましょう。

1 相続税への影響

① 短期的な影響

個人の所有する賃貸用建物を法人へ譲渡した場合には、一時的に相続税が増加することが懸念されます。

相続税の計算上、家屋はその家屋の固定資産税評価額によって評価しますが、その家屋が賃貸用建物（貸家）の場合には、次の算式により評価します（財産評価基本通達89、93）。

【貸家の評価】

固定資産税評価額×（1－借家権割合×賃貸割合）

仮に個人が所有する賃貸用建物が満室の場合には、固定資産税評価額の70%がその賃貸用建物の相続税の計算上の評価額になります。

一方で、賃貸用建物を法人に売却した場合、個人の相続財産は賃貸用建物から売却で受け取った現預金に代わります。賃貸用建物の売却の際の時価は、相続税評価額ではなく通常の取引価格となりますので、売却代金である現預金は賃貸用建物の相続税評価額に比べて高くなることが想定されます。

したがって、不動産の法人化の前後で個人の相続財産をみてみると、法人化の前(賃貸用建物を譲渡する前)は相続税評価額の低い賃貸用建物だったものが、法人化の後では賃貸用建物の売却代金である時価相当額の金銭に変わるため、法人化の後には個人の相続財産が増加して相続税も増えることが懸念されます。

② 中長期的な影響

賃貸用建物を個人で所有している場合、その賃貸用建物から発生する家賃収入のうち「可処分所得×生存年数」は不動産オーナーである個人の相続財産となります。不動産の法人化により賃貸用建物から発生する家賃収入をその個人の親族に分散することによって、個人の相続財産の蓄積は「所得分散後の可処分所得×生存年数」となるため、相続財産及び相続税の上昇を抑制することが可能になります。それと同時に、所得の分散を受けた親族側では「分散された所得に係る可処分所得×生存年数」は、親族への生前贈与の効果及び将来個人に相続が発生した場合の相続税の納税資金の原資になります。これらの効果は法人化の実行から相続までの年数が長いほど効果が期待できます。

2 納税資金への影響

相続税の納税は原則として相続税開始から10か月以内に現金で一括納付する必要があります。相続財産及び相続人が保有する金融資産で相続税の納税が困難であることが見込まれている場合に、不動産の法人化が非常に有効な手段となることがあります。

既に述べたように、個人の所有する賃貸用建物を法人へ譲渡することでその個人の財産は賃貸用不動産から譲渡対価である現預金に変わるため、将来の相続税の納税資金の対策になります。

また、不動産の法人化によって所得の分散を受けた親族側では「分散された所得に係る可処分所得×生存年数」を将来の相続税の納税としてストックすることができます。この所得分散の効果については、法人化の実行から相続までの年数が長いほど効果的が期待できます。

3 まとめ

短期的には、賃貸用建物を法人に売却することで、個人の財産が相続税評価の低い賃貸用建物から時価相当の現預金に変わるため、相続財産が一時的に増加します。中長期で見た場合には、賃貸用建物から生じる賃料は法人を通じて親族に分配されるため、元の所有者であった個人の相続財産及び相続税の増加は抑制されると同時に、親族側では将来の相続税の納税金を受け取ることができるため相続税及び納税資金の対策に有効です。

不動産の法人化を行う場合には、所得税の節税効果だけではなく、相続税に与える影響についても検証することが必要です。まずは、個人が賃貸用建物の譲渡することで相続財産及び相続税が増加するデメリットを把握することです。そして、所得分散によって中長期的に相続財産及び相続税の上昇が抑制されますので、賃貸用建物を譲渡することで生じる相続税が増加するデメリットが解消されるまでの期間について検証を行うことになります。デメリットの解消までは一定の期間を要しますので、譲渡する個人の年齢や健康状態なども踏まえた上で検証する必要があります。

SECTION 19
法人化の実行前後における相続税評価の比較①（土地）

法人化の実行前後で相続税に影響があることはSECTION 18で説明したとおりです。ここでは、法人化の実行による土地の相続税評価に着目して解説していきたいと思います。

1 不動産の法人化の実行前

個人の所有している土地は賃貸用建物の事業の用に供されてる土地に該当します。したがって、相続税の計算上は貸家建付地として評価することになります（財産評価基本通達26）。

【貸家建付地の評価】

自用地評価額×（1－借地権割合×借家権割合×賃貸割合）

2 不動産の法人化の実行後

不動産の法人化によって法人が個人から建物を取得した場合、法人は個人の土地の上に建物を所有することになります。この場合には、個人と法人との間で土地の賃貸に関してどのような取り決めが行われているかによって、個人が所有する土地の評価方法が異なってきます。

①　建物の所有を目的とする土地の賃貸借があった場合

法人が建物の所有のために権利金を支払って個人から土地を賃借した場合、借地人である法人は借地借家法上の借地権を有することになります。個人が所有する借地権の目的となっている土地の相続税法上の評価は、貸宅地として次の算式により評価します（財産評価基本通達25）。

【貸宅地の評価】

自用地評価額×（1－借地権割合）

一方で、法人の株価評価で純資産価額を計算する場合には、賃貸用建物の敷地の用に供されている当該土地は貸家建付借地権として、次の算式により計算した評価額を計上します（財産評価基本通達28）。

【貸家建付借地権の評価】

自用地評価額×借地権割合×（1－借家権割合×賃貸割合）

② 無償返還の届出の提出がある場合の取扱い（賃貸借契約による場合）

(i) 借地権の評価

法人が土地の賃貸借契約により個人から土地を借り受けた場合で、権利金の支払いがなく、かつ、地代が相当の地代の支払いもない場合であっても、賃貸借契約書において、法人が将来地主である個人にその土地を無償で返還する旨を明記し、かつ、契約当事者である個人と法人の連名で「無償返還届出書」を当該法人の所轄税務署長に提出している場合には、税務上は借地権の経済的価値はないものとして取り扱われ、借地権の認定課税は行われません（法人税基本通達13-1-14（1））。

これに対応して、無償返還の届出書が提出されている場合の相続税法上の借地権の評価額はゼロとなります（「相当地代を支払っている場合等の借地権等についての相続税及び贈与税の取扱い（昭和60年6月5日直資2-58、直評9）（以下「相当地代通達」5）。

(ii) 土地の評価

借地権が設定されている土地（貸宅地）の相続税法上の評価は、自用地としての評価額から、その設定されている借地権の価額を控除して計算されます。したがって、上記(i)よりその土地に設定されている借地権の評価額がゼロであるとすれば、その土地の評価額は自用地として評価されることになりますが、土地の賃貸借契約が締結されていれば、借地借家法による借地人に対する保護規定の適用があるほか、賃貸借契約に基づく利用の制約等が存在します。このため、貸宅地について無償返還の届出書が提出されている場合の相続税法上の評価額は、自用地評価額から借地権の価額として自用地評価額の20%相当額を控除した残額、すなわち自用地評価額の80%相当額として評価されます（相当地代通達8）。

(iii) 同族会社の株式評価における借地権の評価

上記(ii)のとおり、個人の土地（貸宅地）は、自用地としての評価から、借地権に相当する金額として自用地の20%相当額を控除して評価します。この借地権の価額は、上記(i)にかかわらず、その個人が所有する法人の株式評価上は、その純資産価額に算入することになります（「相当の地代を収受している貸宅地の評価について」昭和43年10月28日直資3-22、直審（資）8、官審（資）30）。

このように、借地権の価額を、法人の株式を評価する際に純資産価額に算入するのは、個人が法人の発行済株式の大半を所有しているような場合においては、土地の評価額が個人と法人をあわせて100%となることが、課税の公平が保たれると考えられるためです。

(iv) 賃貸借契約とは

賃貸借契約とは、借主が貸主に賃料を支払い、貸主の物を使用収益させる契約のことをいいます（民法601条）。土地に係る地代の水準が、その土地の公租公課（主に固定資産税と都市計画税）に相当する金額を超える場合には賃貸借契約となるため、借地借家法上、借地人に借地権が生じることになります。賃貸借契約に該当することを明確にしたい場合には、地代水準を土地の固定資産税と都市計画税の合計額の3倍程度に設定することが多く見受けられます。

③ 無償返還の届出の提出がある場合の取扱い（使用貸借の場合）

(i) 借地権の評価

法人が個人から土地を借り受けた場合に、その土地の使用が使用貸借契約（後述(iv)）であること、かつ、契約当事者である個人と法人の連名で無償返還の届出書を当該法人の所轄税務署長に提出している場合には、税務上は借地権の経済的価値はないものとして取り扱われ、借地権の認定課税は行われません（法人税基本通達13-1-14（1））。これに対応して、無償返還の届出書が提出されている場合の相続税法上の借地権の評価額はゼロになります。

(ii) 土地の評価

借地権が設定されている土地（貸宅地）の相続税法上の評価は、自用地としての評価額から、その設定されている借地権の価額を控除して計算されます。したがって、上記(i)よりその土地に設定されている借地権の評価額がゼロであるとすれば、その土地の評価額は自用地として評価されることになります。

賃貸借契約の場合と異なり、使用貸借契約に基づく使用借権には借地借家法による借地人に対する保護規定の適用がないため、土地の利用の制約等に対する評価上の減額は認められません。したがって、土地に係る貸宅地の評価はこの土地の自用地の価額となります（相当地代通達8（注）書き）。

ただし、個人が土地の上に有する賃貸用建物を賃借人に賃貸している状態で、この賃貸用建物を法人に譲渡し、その土地を法人が個人から無償で借り受けている場合において、賃貸用建物の賃借人に異動がない段階で、土地所有者である個人に相続が開始した場合、あるいは当該個人がその土地を贈与する場合には、当該土地は自用地としてではなく貸家建付地として評価することが認められています。

これは、建物の賃貸借契約は個人と建物の賃借人との間で締結されたものですが、建物の所有者である個人は土地所有者でもあることから、この建物の賃借人は土地を使用する権利（敷地利用権）も有することになります。この建物の賃借人が有する敷地利用権は、建物が第三者に譲渡された場合においても侵害されない、つまり継続してその敷地利用権を有しているものと解されているためです。

ⅲ　同族会社の株式評価における借地権の評価

上記ⅱのように無償返還届出書が提出されている場合で、その貸借関係が使用貸借であるときは、個人の貸宅地の価額は、自用地としての価額により評価します（相当地代通達8の（注））。したがって、同族会社において借地権の価額はゼロとなりますので、株価評価上、純資産価額の計算に当たっては、借地権価額に相当する金額を計上する必要はありません。

ⅳ　使用貸借契約とは

使用貸借契約とは、対価を支払わないで他人の物を借りて使用収益する契約のことをいいます。地代が無償の場合はもちろんのこと、その地代の水準が貸した土地の固定資産税及び都市計画税の合計額に相当する金額以下の土地の場合でも使用貸借契約となります（民法595条）。

3 まとめ

その地域における借地権割合や個人と法人の間における契約関係、無償返還の届出の有無など、その形態によって評価が異なってくるため、法人化の前後における個人と法人の土地の評価額の有利不利を一概に比較することはできませんが、不動産の法人化を検討する際には、個々の状況に応じてどのような課税関係が生じるか検証を行うことが必要です。

SECTION 20
法人化の実行前後における相続税評価の比較②　（建物）

法人化の実行前後で相続税に影響があることはSECTION 18で説明したとおりです。ここでは、法人化の実行による建物の相続税評価に着目して述べていきたいと思います。

1　不動産の法人化の実行前

個人の所有している賃貸用建物は、賃貸事業の用に供されているに建物に該当します。したがって、相続税の計算上、その賃貸用建物は貸家として評価されます（財産評価基本通達93）。

【貸家の評価】

自用家屋の評価額×（1－借家権割合×賃貸割合）

なお、賃貸用事業に伴い賃借人から預かっている敷金や保証金については債務として評価します。また、建築資金など金融機関などから借入金がある場合にも債務として評価します。

2　不動産の法人化の実行後

①　賃貸用建物を売却した個人

不動産の法人化により賃貸用建物を時価で売却するため、個人の財産は賃貸用建物から売却代金相当額の金銭となります。この際、賃貸借契約は法人に引き継がれることになりますので、敷金や保証金も法人に移転することになります。

②　賃貸用建物を取得した法人

法人は個人から賃貸用建物を時価で取得しますので、法人の貸借対照表においては、賃貸用建物が資産として増加する一方で、購入価額相当額の金銭が減少、あるいは購入価額相当額の借入金（負債）が増加します。また、賃借人に係る敷金や保証金については、賃貸用建物を取得した法人によって引き継がれることになります。

3　相続税評価への影響

建物の相続税評価は原則として固定資産税評価額となり、賃貸用建物（貸家）については借家権割合30％が控除されますので、賃貸割合が100％の場合には固定資産税評価額×70％となります。一方で、法人に賃貸用建物を譲渡するときは原則として時価で売買を行います。その売買価格は固定資産税評価額×70％よりも高くなることが一般的です。したがって、不動産の法人化の前後における個人の相続財産をみてみると、法人化の前は相続税評価額の低い賃貸用建物だったものが、法人化の後では賃貸用建物の時価相当額の金銭になることとなります。法人化を実行した直後においては、個人の相続財産は増加するため、相続税も増える結果となることが想定されます。

4　株式の評価への影響

賃貸用建物を購入した法人側では、時価よりも評価額の低い賃貸用建物を時価相当額で取得しますので、法人の株価評価において純資産価額の計算をする際には、その賃貸用建物の時価と貸家建付地評価の差額の分だけ純資産価額は減少します。ただし、法人が賃貸用建物を取得して3年経過するまでは、その課税時期における通常の取引価額（時価）で評価しなければならず、財産評価基本通達に基づく貸家建付地として評価することはできませんので、法人の株価を評価する際に留意する必要があります（財産評価基本通達185）。

SECTION 21

取引相場のない株式の評価方法

1 非上場会社の株式の評価の概要

① 非上場株式の原則的な評価方法

(i) 非上場会社の株式の評価の概要

非上場会社の株式は、相続や贈与などで株式を取得した株主が、その株式を発行した会社の経営支配力を持っているかどうかに着目して次に掲げる方法により評価します（財産評価基本通達178～180、185）。

(a) その株式を発行した会社の経営支配力を持っている同族株主等

原則的評価方式

(b) 上記(a)以外の株主

特例的評価方式

(ii) 原則的評価方式

評価する株式を発行した会社を、総資産価額、従業員数及び取引金額により、大会社、中会社又は小会社のいずれかに区分し、その区分に応じて原則として次に掲げる方法により評価をすることになっています。

(a) 大会社

大会社は、上場会社に匹敵するような規模の会社であるため、その株式の評価についても、評価会社と類似する上場会社の実際に株式市場で成立している株価に比準して評価することが合理的であると考えられています。したがって、評価会社が大会社に該当する場合には、類似業種比準方式により評価します。

この類似業種比準方式は、評価会社と事業の種類が同一又は類似する複数の上場会社の株価を基にその評価会社の1株当たりの「配当金額」、「利益金額」及び「純資産価額（簿価）」の3つを比準して評価する方法です。なお、納税者の選択により純資産価額により評価することもできます。

(b) 小会社

小会社は、事業規模や経営実態からみて個人事業主に類似するものであり、株主が株式を通じて会社財産を全て支配、所有しており、個人事業主がその事業用財産を自ら所有している場合と実質的に同様と考えられています。したがって、評価会社が小会社に該当する場合には、原則として、純資産価額方式によって評価します。

純資産価額方式は、非上場会社が課税時期に清算したとした場合に株主に分配される正味財産の価値（純資産価額）を、その評価会社の発行株式の相続税法上の評価額とする評価方法です。具体的には、評価会社が所有する各資産を財産評価基本通達に基づき評価し、その評価額の合計額から、負債金額の合計額及び資産の含み益に対する法人税額等相当額を差し引くことにより純資産価額を計算します。

なお、納税者の選択により、純資産価額と類似業種比準価額との併用方式（類似業種比準価額の割合は50%）によって評価することができます。

(c) 中会社

中会社は、大会社と小会社の両方の要素を持つ会社であるため、評価会社が中会社に該当する場合は、類似業種比準方式と純資産価額方式を併用して評価します。この場合の類似業種比準価額の割合は、その評価会社の会社規模に応じて、90%、75%、60%のいずれかの割合になります。なお、納税者の選択により純資産価額により評価することもできます。

(iii) 特例的評価方式

同族株主以外の少数株主が取得した株式については、その株式の発行会社の規模にかかわらず、原則的評価方式に代えて特例的な評価方式である配当還元方式で評価します。配当還元方式は、評価会社の配当金額に着目した評価方法で、1年間の配当金額を一定の利率（10%）で還元してその評価会社の株価を評価する方法です。これは会社の経営支配への影響が少ない少数株主については、株式の保有目的が単に配当を期待するにとどまるという実態や評価手続きの簡便性を考慮した上での評価方法になります（財産評価基本通達188,188-2）。

② 特定の評価会社の評価方法

原則的な評価方法では適正な株式の評価をが行うことが難しい評価会社については、一般の評価会社とは区分して評価を行います。そのような特定の評価会社の株式については、下記に掲げる6つに区分され、原則として、(i)から(v)に該当する場合には純資産価額方式により評価を行い、(vi)に該当する場合には清算分配見込額により評価することになっています（財産評価基本通達189〜189-6）。

(i) 比準要素数1の会社

類似業種比準方式の評価の際に使用する3つの比準要素である「配当金額」、「利益金額」及び「純資産価額」のうち直前期末の比準要素のいずれか2つがゼロであり、かつ、直前々期末の比準要素のいずれか2つ以上がゼロである会社をいいます。

ⅱ 株式保有特定会社

評価会社の総資産価額に占める株式等の保有割合が50％以上の会社をいいます。

ⅲ 土地保有特定会社

評価会社の総資産価額に占める土地及び土地の上に存する権利（以下「土地等」といいます）の保有割合が一定の割合以上の会社をいいます。

ⅳ 開業3年未満の会社等

次のいずれかに該当する会社が該当します。

(ア) 課税時期において開業後の経過年数が3年未満の会社

(イ) 類似業種比準方式の評価の際に使用する3つの比準要素である「配当金額」、「利益金額」及び「純資産価額」の直前期末の比準要素がいずれもゼロである会社

ⅴ 開業前又は休業中の会社

評価会社が開業前又は休業中の場合に該当します。

ⅵ 清算中の会社

評価会社が清算中の場合に該当します。

2　純資産価額方式の計算における留意点

①　課税時期前3年以内に取得又は新築した土地等ならびに家屋等がある場合

非上場会社の純資産価額を計算する際に、その評価会社が課税時期前3年以内に取得又は新築した土地等ならびに家屋及びその附属設備又は構築物（以下「家屋等」といいます）がある場合には、その土地等又は家屋等の価額は、財産評価基本通達に規定する路線価や固定資産税評価額などではなく、課税時期における通常の取引価額に相当する金額によって評価するものとされています（財産評価基本通達185）。

このような取扱いをする理由は、評価会社が所有する土地等や家屋等を時価で算定する場合には、財産評価基本通達によって評価することだけが時価の算定方法ではないこと、また、土地等や家屋等が課税時期の直前に取得されていて、その時価が明らかであるにもかかわらず財産評価基本通達によって評価することが時価の算定上は適切でないと考えられているからです。

なお、土地等又は家屋等の帳簿価額が課税時期における通常の取引価額に相当すると認められる場合には、当該帳簿価額に相当する金額を時価として評価することができるものとされています。

また、この取得には売買による取得のみならず、現物出資、交換、買換え、合併等による取得も含まれます。

②　課税時期前3年以内に取得した土地等及び家屋等の評価の留意点

その評価会社が課税時期前3年以内に自用地及び自用家屋として取得した土地等及び家屋等を賃貸事業の用に供した場合には、課税時期において、その家屋は賃貸用建物に該当するため、その土地等と家屋については取得時と課税時期においてその用途が異なることから評価方法に疑義が生じるところです。しかしながら、このような貸家建付地及び貸家の評価については、その土地等と家屋が自用地及び自用家屋であるとした場合の通常の取引価額を基に、その価額を財産評価基本通達における貸家建付地と貸家の規定を適用して評価額を計算することが認められています（東京国税局「令和3年8月資産税審理研修資料」226頁）。

SECTION 22

合同会社の出資の評価方法

1 合同会社の出資の評価

合同会社に対する出資の価額は、財産評価基本通達178（取引相場のない株式の評価上の区分）から同通達193（配当期待権の評価）までの定めに準じて計算した価額によって評価します（財産評価基本通達194）。取引相場のない株式の評価については、SECTION 21を参照ください。

2 合同会社の社員が死亡した場合の留意点

株式会社では出資者のことを株主といいますが、合同会社の場合には「社員」といいます。合同会社の社員が死亡した場合の取扱いについては、次に掲げるように株式会社の株主が死亡した場合と異なる点があります。

① 合同会社の社員の地位の相続について

(i) 定款に出資持分の承継に関する定めがない場合

合同会社の社員は死亡によって退社するため、その出資者としての地位は、原則として相続人に承継されません（会社法607条1項3号）。社員の地位は相続財産とならないため、後継者が合同会社の社員になるには、相続手続きとは別に、その合同会社の定款の定めに従い、新たに入社の手続きを行う必要があります。

(ii) 定款に出資持分の承継に関する定めがある場合

定款に「社員が死亡した場合における当該社員の相続人が当該社員の

持分を承継する」旨の定め（以下、「別段の定め」といいます）がある場合には、相続人に社員の地位を承継させることができます（会社法608条1項）。

ただし、別段の定めがある場合でも、遺言書がなく相続人が複数いる場合には、その出資持分は各相続人の相続分に応じて承継されます。株式のように遺産分割協議により特定の相続人（後継者）に承継させることはできないとされています。

遺言がないため複数の相続人に承継された出資持分を特定の後継者に引き継がせたい場合には、一度相続人全員が社員となったうえで、後継者が他の社員の出資持分を譲り受けるなど別途手続きを行う必要があります。出資持分の価額によっては贈与税や譲渡に係る所得税など別途課税関係が生じる場合があります。

特定の後継者に出資持分を相続させたい場合には、定款に別段の定め記載するとともに、生前に後継者に当該出資持分を相続させることを遺言書で指定しておくことが必要になります。

② 合同会社の社員が死亡した場合の出資の評価

(i) 定款に別段の定めがない場合

合同会社の社員は死亡によって退社し、その持分について払戻しを受けることになります（会社法611条1項）。

持分の払戻しについては、「退社した社員と持分会社との間の計算は、退社の時における持分会社の財産の状況に従ってしなければならない」（会社法611条2項）と定められていることから、持分の払戻請求権として相続税の課税対象になるとされています。この払戻請求権の具体的な評価方法は、評価すべき持分会社の課税時期における各資産を財産評価基本通達の定めにより評価した価額の合計額から課税時期における各負債の合計額を控除した金額に持分を乗じて計算した金額（いわゆる純資産価額）となります。

(ii) 定款に別段の定めがある場合

定款に別段の定めがある場合、死亡した社員の出資持分については相続財産として承継されることになります。この場合、出資持分については取引相場のない株式の評価方法に準じて評価を行います。

3 まとめ

不動産の法人化を行う場合、設立時のコストを軽減する目的で合同会社を活用するケースがありますが、将来の相続に関しての取扱いに関しては株式会社と異なります。社員が死亡した場合の出資持分の取扱い、その評価に係る課税関係についてはあらかじめ確認したうえで、定款の変更手続き、遺言書の作成など早めに対策することで将来の遺産分割や税金のリスクを回避することに繋がります。

SECTION 23

賃貸用建物の敷地の用に供されている土地に係る小規模宅地等の特例の適用

1　小規模宅地等の特例の概要

小規模宅地等の特例とは、個人が相続や遺贈（以下、「相続等」といいます）によって取得した財産のうち、その相続開始の直前において被相続人又は被相続人と生計を一にしていた被相続人の親族（以下「被相続人等」といいます）の事業の用又は居住の用に供されていた宅地等については、一定の要件を満たすことで相続税の課税価格に算入すべき価額を一定割合で減額することができる特例制度です（租税特別措置法69条の4）。

この特例の対象となる宅地等は、特定事業用宅地等、特定同族会社事業用宅地等、特定居住用宅地等及び貸付事業用宅地等のいずれかに該当することが必要です。

①　特定事業用宅地等

特定事業用宅地等とは、相続開始の直前において被相続人等の事業（不動産の貸付事業を除きます）の用に供されていた宅地等をいいます。この特定事業用宅地等については、事業承継やその土地等の継続保有などの要件を満たすことにより、400㎡を限度面積として相続税の課税価格に算入すべき価額を80%の割合で減額することができます。

なお、相続開始前3年以内に新たに事業の用に供された宅地等については、一定の規模以上の事業を行っている場合を除いて、小規模宅地等の特例から除外されます。

② 特定同族会社事業用宅地等

特定同族会社事業用宅地等とは、相続開始の直前から相続税の申告期限まで一定の法人の事業（不動産の貸付事業を除きます）の用に供されていた宅地等をいいます。この特定同族会社事業用宅地等については、その同族会社の役員に就任していることやその土地等の継続保有などの要件を満たすことにより、400㎡を限度面積として相続税の課税価格に算入すべき価額を80％の割合で減額することができます。

③ 特定居住用宅地等

相続開始の直前において被相続人等の居住の用に供されていた宅地等をいいます。この特定居住用宅地等については、配偶者が取得する場合には特に要件はありませんが、配偶者以外の者が取得する場合には、それぞれ取得者ごとに定められている要件を満たすことで、330㎡を限度面積として相続税の課税価格に算入すべき価額を80％の割合で減額することができます。

その宅地等が2以上ある場合には、主としてその居住の用に供していた一の宅地等に限り小規模宅地等の特例が適用されます。

④ 貸付事業用宅地等

相続開始の直前において被相続人等のいわゆる不動産の貸付事業の用に供されていた宅地等をいいます。この貸付事業用宅地等については、貸付事業の承継やその土地等の継続保有などの要件を満たすことにより、200㎡を限度面積として相続税の課税価格に算入すべき価額を50％の割合で減額することができます。

なお、相続開始前3年以内に新たに貸付事業の用に供された宅地等については、事業的規模で貸付けを行っている場合を除いて、小規模宅地等の特例の対象から除外されます。

2 法人化の前後における土地等の評価

不動産の法人化の前後における個人の所有する土地の評価については、SECTION 19で説明したとおりです。この土地について将来相続が発生した場合の小規模宅地等の特例の適用の有無については下記のようになります。

① 法人化の実行前

個人が所有する土地は、賃貸用建物に係る貸付事業の用に供されています。この場合において、この土地を個人の相続人である親族が土地を相続等により取得した場合で、下記に掲げる要件を満たす場合には、貸付事業用宅地等として小規模宅地等の特例が適用できます。この場合、200㎡を限度として、相続税の課税価額に算入する金額を50％評価減することができます。この「相続税の課税価額に算入する金額」とは、その土地を貸家建付地評価した金額となります。

(i) 事業承継要件

その土地に係る貸付事業を相続税の申告期限までに引き継ぎ、かつ、その申告期限までその貸付事業を行っていること

(ii) 保有継続要件

その宅地等を相続税の申告期限まで有していること

② 法人化の実行後

(i) 貸宅地に対する小規模宅地等の適用について

個人が所有する土地を法人が建物を所有するために賃貸している場合、その土地は借地権の目的となっている土地（貸宅地）になります。土地の貸付けが貸付事業に該当することを前提に、個人の相続人である親族がこの貸宅地を相続等により取得した場合で、事業継続要件及び保有継続要件を満たす場合には、貸付事業用宅地等として小規模宅地等の特例が適用できます。この場合、200㎡を限度として、相続税の課税価額に算入する金額を50％評価減することができます。この「相続税の課税価額に算入する金額」とは、その土地を貸宅地評価した金額となります。

(ii) 無償返還届出が提出されている場合

(a) 賃貸借契約が締結されている場合

個人が所有する土地を法人が建物を所有するために賃貸している場合において、当事者である個人及び法人の連名で「土地の無償返還に関する届出」が提出されている場合があります。

この土地の賃貸借が貸付事業に該当することを前提に、個人の相続人である親族がこの貸宅地を相続等により取得した場合で、事業継続要件及び保有継続要件を満たす場合には、貸付事業用宅地等として小規模宅地等の特例が適用できます。この場合、200㎡を限度として、相続税の課税価額に算入する金額を50％評価減することができます。この場合の、「相続税の課税価額に算入する金額」とは、その土地の自用地評価した金額の80％相当額になります。

(b) 使用貸借契約の場合

個人が所有する土地の上に法人が建物を所有する場合において、当事者である個人及び法人の連名で「土地の無償返還に関する届出」が提出されている場合があります。この土地の利用について使用貸借契約となっている場合には、たとえ固定資産税及び都市計画税の合計額相当の地代の収受があった場合でも、当該土地は貸付事業には該当しません。したがって、小規模宅地の要件である貸付事業用宅地等には該当しないため、当該土地を相続等で取得した場合、小規模宅地等の特例の適用はありません。

SECTION 24

退職金に関する取扱い

個人が不動産賃貸業を営んでいる場合、不動産賃貸業を廃業しても当該個人が受け取る退職金はありませんが、法人の役員になることで、将来その法人の役員を退任した際に退職金を受け取ることができます。

1 退職金を受け取る個人の税務上の取扱い

退職金とは、退職手当など退職により一時に受ける給与及びこれらの性質を有する給与のことをいい、所得税の計算上は退職所得として取り扱われます（所得税法30条1項）。そして個人が退職金を受け取った場合の退職所得の金額は、次の算式で計算されます。（所得税法30条2項、6項、所得税法施行令71の2条1項）

【退職所得の計算方法】

（収入金額－退職所得控除額）×1／2

① 退職所得控除額の計算方法

退職所得控除額は、下記に掲げる計算表に基づき計算します。

【退職所得控除額】

勤続年数	退職所得控除額
20年以下	40万円×勤続年数 （80万円に満たない場合には80万円）
20年超	800万円＋70万円×（勤続年数－20年）

〈例1　勤続年数が10年2か月の人の場合の退職所得控除額〉
勤続年数は11年になります（端数の2か月は1年に切上げ）。
40万円×（勤続年数）＝40万円×11年＝440万円

〈例2　勤続年数が30年の人の場合の退職所得控除額〉
800万円＋70万円×（勤続年数－20年）
＝800万円＋70万円×10年＝1,500万円

②　所得税額の計算方法

退職所得は、原則として他の所得と分離して下記の税額表を用いて所得税額を計算します。

【令和5年分の税額表】

課税退職所得金額	税率	控除額
1,949,000円まで	5%	0円
1,950,000円～3,299,000円まで	10%	97,500円
3,300,000円～6,949,000円まで	20%	427,500円
6,950,000円～8,999,000円まで	23%	636,000円
9,000,000円～17,999,000円まで	33%	1,536,000円
18,000,000円～39,999,000円まで	40%	2,796,000円
40,000,000円以上	45%	4,796,000円

退職金は、長年の勤労に対する報償的給与の性質や老後の生活資金の側面もあるため、通常の給与や賞与とはその性質が異なります。したがって、先に述べたように税金の計算上は、退職所得控除が設けられていたり、所得金額の計算において退職金から退職所得控除額を引いた後に2分の1を乗じたり、他の所得とは分離して課税されるなど、税負担が軽くなるよう配慮されています。

③　税金の納付

「退職所得の受給に関する申告書」の提出の有無に応じて、その後の取扱いが異なります。

(i)「退職所得の受給に関する申告書」を提出している場合

退職金が支払われる際に、退職金の支払者が所得税額等を計算し、退職所得の金額に応じた所得税の額が源泉徴収されるため、原則として確定申告の必要はありません。

ただし、医療費控除や寄附金控除の適用を受けるために確定申告書を提出する場合には、確定申告書に退職所得の金額を記載する必要があります。

(ii)「退職所得の受給に関する申告書」を提出していない場合

退職金の支払われる際に、支払金額の20.42％の所得税額等が一律に源泉徴収されます。その後、受給者が確定申告を行うことで所得税額等の計算を行い、源泉徴収された金額が少なければ不足額を追加で納税し、源泉徴収された金額が多ければ納め過ぎていた金額が還付されます。

2　役員退職金を支給する法人側の取扱い

①　役員退職金の支給方法

役員退職金は、定款の定め又は株主総会の決議によって支給する金額を決める必要があります。実務上、株主総会で役員退職金の支給を決める場合には、役員退職金を支給することだけを決議し、具体的な退職金の支給条件等ついては、社内規定など一定のルールの中で取締役会に一任する旨の決議をすることが一般的です。

② 法人税法上の取扱い

法人税法上の退職金とは、退職に基づいて支給される給与をいいます。退職金とは、本来その者が退職しなかったら支給されることがなかったもので、実質的に退職することを原因として一時に支払われる退職手当などのことをいいます。したがって、仮に適正な手続きで役員退職金を支給したとしても、実質的にその者が退職していない場合には、税法上は役員退職金として認められませんので注意が必要です。

支給された役員退職金の額のうち不相当に高額な支給部分については、損金の額に算入することができません。これは役員退職金が利益処分としての性質を有する側面があるため、不当に税負担を減少させること防ぎ、適正な課税を行うために設けられている規定です。(法人税法34条2項)。なお、この場合の不相当に高額な部分とは、次に掲げる状況などを総合勘案して判断するものとされています（法人税法施行令70条2号)。

⑴　その法人の業務に従事した期間

⑵　退職の事情

⑶　その法人と類似する法人の役員退職金の支給状況

③ 不相当に高額な部分の計算方法

不相当に高額な部分とは、その支給した役員退職金の額が適正な役員退職金を超える部分をいいます。したがって、適正な役員退職金の額を計算することで、この不相当に高額な部分を算定することができます。税法上、役員退職金の計算方法は明記されていませんが、過去の判例（平成25年3月22日東京地裁）において、課税当局が主張した算定方法は平均功績倍率法です。

【平均功績倍率法】

役員退職金＝最終月額報酬×継続年数×平均功績倍率(*) (*) 平均功績倍率 　その法人と同じ業種で類似する複数の法人において実際に支払われた役員退職金の額を「最終月額報酬×継続年数」で除した数値の平均値

これに対して裁判所は、「退職役員の法人に対する功績や法人の退職給与支払能力など、最終月額報酬及び勤続年数以外の役員退職給与の額に影響を及ぼす一切の事情を総合評価した係数であるということができるところ、同業類似法人における功績倍率の平均値を算定することにより、同業類似法人間に通常存在する諸要素の差異やその個々の特殊性が捨象され、より平準化された数値が得られるものといえることからすれば、このような最終月額報酬、勤続年数及び平均功績倍率を用いて役員退職給与の適正額を算定する平均功績倍率法は、その同業類似法人の抽出が合理的に行われる限り、法36条及び施行令72条の趣旨に最も合致する合理的な方法というべきである」と判示しています。「同業類似法人の抽出が合理的に行われる限り」という条件付きではありますが、平均功績倍率法は合理的な算定方法として認められている方法です。

④　役員退職金の損金算入時期

その法人において支給する役員退職金の損金算入時期は、原則として、株主総会の決議等によって役員退職金の額が具体的に確定した日の属する事業年度となります。

例外として、法人が役員退職金を実際に支給した事業年度において、損金経理をした場合には、その支給した事業年度において損金の額に算入することも認められています。

一方で、退職金の額が株主総会等の決議によって具体的に確定していないにもかかわらず、取締役会で内定した金額を損金経理により未払金に計上したとしても、その未払金に計上した金額はその計上した事業年度の損金の額に算入することはできません。

⑤ 死亡により支給される退職金の取扱い

被相続人に支給されるべきであった退職金を、相続人等が受け取る場合で、死亡後3年以内に支払いが確定した退職金（以下、「死亡退職金」といいます）については、相続財産とみなされて相続税の課税対象になります。この死亡退職金については、被相続人又は相続人のいずれにおいても所得税及び復興特別所得税の課税対象にはなりません。

また、相続人が取得した死亡退職金は、その全額が相続税の対象となるわけではなく、その死亡退職金の額のうち、下記の非課税限度額を超える部分の金額のみが相続税の課税対象となります。

【死亡退職金の非課税限度額】

非課税限度額＝500万円×法定相続人の数

各人に対して課税される死亡退職金の額は次の算式により計算します。

【死亡退職金のうち非課税となる金額】

$$\text{非課税限度額} \times \frac{\text{その相続人が受け取った死亡退職金}}{\text{全ての相続人が受け取った死亡退職金}}$$

⑥ 株式評価への影響

生前に役員退職金を支給した場合、その役員退職金が損金と認められるものであれば所得の額が減少します。また、役員退職金（現金）の支給により純資産価額も減少することになります。

その結果、類似業種比準価額方式の計算要素である配当、利益、純資産の3要素のうち、利益の数値と純資産の数値が減少するため、その法人の類似業種比準価額による株価は下がることになります。また、役員退職金の支給により資産が減少するため、純資産価額方式の計算における純資産価額による株価も下がることになります。

役員退職金の支給時期を考慮することで株価の低い時期に株式の贈与や譲渡贈与税や譲渡税を低く抑えることが可能となります。

一方で、死亡退職金を支給した場合には、その退職金の額のうち相続税の課税価額に算入されることになる金額については、株価を算定するにあたっては負債に該当するものとして純資産価額の計算上控除しますので、純資産価額方式による株価は下がることになります。ただし、類似業種比準価額方式は課税時期の直前期末以前の数値を使用するため、死亡退職金を支給して利益や純資産が減少しても、株価の算定に影響はなく、その評価額が減少することはありません。

死亡退職金の支給によって純資産価額方式で計算した株価は減少する一方で、非課税限度額を超えた退職金については相続税の課税対象となります。相続税の節税効果については状況に応じて総合的な判断が必要になります。

3 まとめ

退職金は、所得税や相続税の計算上、納税者にとって有利な計算方法が採用されているため、上手く活用することでより多くのお金を手元に残すことが可能です。また、生前あるいは相続後にかかわらず支給された退職金は、相続税の納税資金や遺産分割（代償金等）の備えにもなります。退職金を上手く活用することは、節税による資産形成だけでなく、円滑な相続や財産承継にも有効な手段となり得ます。

SECTION 25

居住用の区分所有財産の評価方法の改正

令和6年1月1日以後に相続、遺贈又は贈与により取得した「居住用の区分所有財産」の価額については、個別通達（令和5年9月28日付課評2－74ほか1課共同「居住用の区分所有財産の評価について」（法令解釈通達））により評価することになりました。

1 改正の概要

① 時価の考え方

相続税又は贈与税の計算の基となる財産の価額については、相続税法22条により「相続、遺贈又は贈与により取得した財産の価額は、当該財産の取得の時における時価による」とされています。

この「時価」とは、「課税時期において、それぞれの財産の現況に応じ、不特定多数の当事者間で自由な取引が行われる場合に通常成立すると認められる価額」とされていますが、課税上の弊害がない場合に限り、財産評価基本通達に基づき評価した価額を時価としてよいことになっています。

この通達による時価評価については、各財産の個別の時価を把握することが難しいことから、財産評価の方法が統一されることにより課税の適正・公平に繋がるとされています。また、納税者の観点からも、申告・納税の負担の軽減に繋がるという理由から、課税実務上、採用されている方法です。なお、土地については「路線価方式」や「倍率方式」によって、家屋については、「固定資産税評価額」を基に評価することとされています。

② 改正の背景

不動産の相続税評価額と時価（いわゆる市場価格）との乖離ついて争われた最高裁令和4年4月19日判決を契機として、課税の公平を図り納税者の予見可能性を確保するためにも、市場における取引事例が多い分譲マンションについては評価方法が見直されることになりました。

居住用の区分所有財産については、近年、新築、中古ともに価格が高騰傾向にあり、通達による相続税評価額と売買実例価額が大きく乖離するケースが多く見受けられています。国税庁ホームページに公表されている『「居住用の区分所有財産の評価について」（法令解釈通達）の趣旨について（情報）（令和5年10月11日）』の別添資料によると、平成30年中に取引された全国の分譲マンションの相続税評価額と売買実例価額について調査したところ、平均で2.34倍もの乖離があったことが記載されています。

そのような背景から、令和6年1月1日以後に相続、贈与により取得した居住用の区分所有財産については個別通達により評価することになりました。

2 居住用の区分所有財産の評価方法

① 居住用の区分所有財産を自用として使用している場合

次の算式により評価します。

【居住用の区分所有財産の評価】

区分所有権の価額（A）＋ 敷地利用権の価額（B） （A）従来の区分所有権の価額（※）× 区分所有補正率 （※）家屋の固定資産税評価額 （B）従来の敷地利用権の価額（※）× 区分所有補正率 （※）路線価又は倍率に基づく評価額

区分所有補正率については、下図のように⑴評価乖離率、⑵評価水準、

(3)区分所有補正率の順に計算して求めます。

(1) 評価乖離率

評価乖離率＝A＋B＋C＋D＋3.220

A＝一棟の区分所有建物の築年数×△0.033

B＝一棟の区分所有建物の総階数指数×0.239（小数点以下第4位切捨）

C＝一室の区分所有権等に係る専有部分の所在階×0.018

D＝当該一室の区分所有権等に係る敷地持分狭小度（※）×△1.195（小数点以下第4位切上）

（※）持分狭小度＝敷地利用権の面積÷専有部分の床面積

(2) 評価水準

評価水準＝1÷評価乖離率

(3) 区分所有補正率

区分	区分所有補正率
評価水準＜0.6	評価乖離率×0.6
0.6≦評価水準≦1	補正無し
1＜評価水準	評価乖離率

評価乖離率の計算の基となる4つの指数は、納税者自身で容易に把握できるものであり、分譲マンションの市場価格への影響も大きい要因であることから、今後分譲マンションの評価を行う場合には、区分所有財産の築年数、総階数、所在階に関する資料を揃えたうえで評価を行うことになります。なお、区分所有補正率については、国税庁ホームページに掲載している「居住用の区分所有財産の評価に係る区分所有補正率の計算明細書」を用いることで簡単に計算することができます。

② 居住用の区分所有財産を貸家、貸家建付地として使用している場合

上記①で求めた価格を基に貸家、貸家建付地として評価を行います。

③　居住用の区分所有財産に該当しないもの

次に掲げるものについてはこの個別通達の適用がないため、従来どおり財産評価基本通達に基づき評価することになります。

⑴　その建物の構造上、主として居住の用途に供する専有部分がないもの（事業用のテナント物件など）

⑵　区分建物の登記がされていないもの（一棟所有の賃貸マンションなど）

⑶　地下を除いた総階数が2以下のもの（総階数2以下の低層の集合住宅など）

⑷　1棟の区分所有建物のうち居住の用に供する専有部分（部屋）の数が3以下であって、その全てを区分所有者又はその親族の居住の用に供するもの（いわゆる二世帯住宅など）

⑸　棚卸商品等に該当するもの

⑹　借地権付分譲マンションの敷地の用に供されている「貸宅地(底地)」の評価をする場合など

3　まとめ

今回の評価方法の改正により、令和6年1月1日以降の相続、贈与の際に不動産を評価する際は、その不動産が居住用の区分所有財産に該当するか否か確認することが必要となりました。不動産の法人化により法人が所有する賃貸用建物が居住用の区分所有財産に該当する場合には、従来と評価方法が異なりますので財産評価を行う場合には確認を怠らないように注意しましょう。

SECTION 26

不動産M&Aの活用について（出口戦略）

不動産の法人化により法人が所有する賃貸用建物を売却する際、単に賃貸用建物を売却するケース以外にも法人（株式）を売却する不動産M&Aという選択肢もあります。

1　不動産M&Aとは

M&Aとは、「Mergers and Acquisitions」の略で、2つ以上の会社が1つになったり（合併)、他の会社を買収することをいいます。近年では、従来の企業戦略的なM&Aのみならず、後継者のいない会社の事業承継の一環として広く認知されるようになってきました。

不動産M&Aとは、不動産の売買を目的とするM&Aのことをいいます。通常、不動産を売買する際には、その売買の目的となる不動産そのものを売買の対象としますが、不動産M&Aは対象不動産を所有する法人(株式)を売買の対象とします。

＜物件譲渡＞

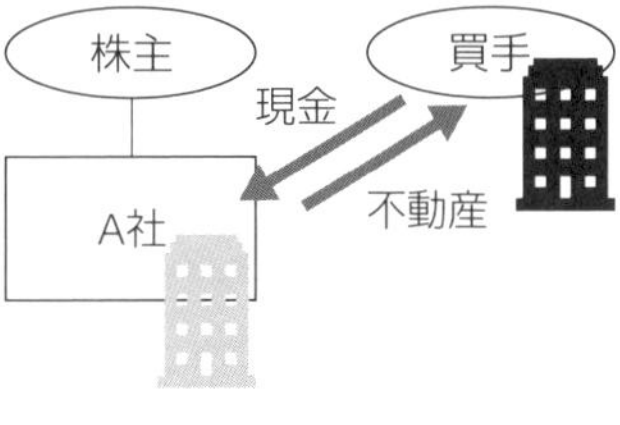

＜不動産M&A＞

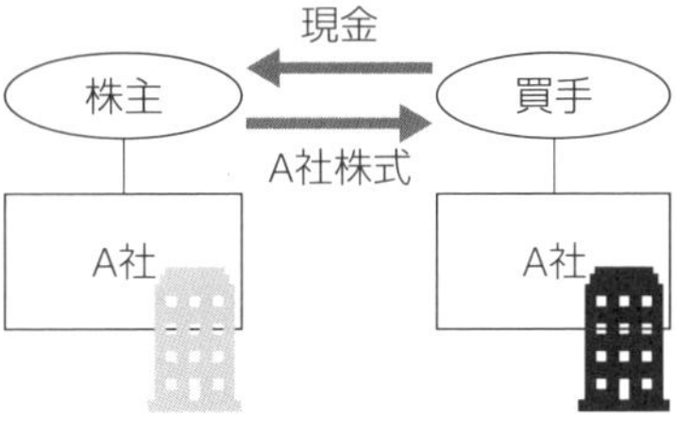

2 不動産M＆Aのメリット

① 売手側のメリット

(i) 節税効果と手残額

法人が不動産そのものを売却した場合には、不動産の売却益に対して約30％の法人税が課税されます。その後、個人にその資金を移す際には個人は給与あるいは配当として受け取ることになりますので、所得税・住民税（最高税率の場合には55％）が課税されることになります。

一方、不動産M＆Aは法人が所有する不動産そのものを売却するのではなく、法人の株式を譲渡することになりますので、株主は株式譲渡益に対して20％の所得税・住民税が課税されることになります。

したがって、下図のように不動産そのものを売却するよりも不動産M＆Aで法人の株式を売却した方が個人の手元により多くの資金を残すことが可能になります。

【前提条件】

- 建物の簿価：3億円
- 売却金額：4億円
- 法人の貸借対照表は以下のとおり
- 法人税率30％
- 所得税率（総合課税）55％
- 所得税率（分離課税）20％

資産		負債・純資産	
建物	300	借入金	250
		資本金	10
		利益剰余金	40

【建物を譲渡した場合の個人の手取額】

①建物を4億円で売却

資産		負債・純資産	
現金	400	借入金	250
		資本金	10
		利益剰余金	40
		税引前利益	100

③法人税納付+借入金返済

資産		負債・純資産	
現金	120	資本金	10
		利益剰余金	40
		税引後利益	70

②法人税の計算

資産		負債・純資産	
現金	400	借入金	250
		未払法人税	30
		資本金	10
		利益剰余金	40
		税引後利益	70

④個人へ現金配当

個人の手取額	
配当金	120
税率	55%
所得税等	66
手残額	54

【不動産M＆Aの場合の個人の手取額】

①時価B/S

資産		負債・純資産	
建物	400	借入金	250
		資本金	10
		利益剰余金	40
		含み益	100

②株式の譲渡

個人の手取額	
譲渡収入	150
取得費	10
譲渡益	140
税率	20%
所得税等	28
手残額	122

なお、不動産の簿価が高く売却益が少ない場合、他の損失がある場合、

繰越欠損金が多額に残っているような場合には法人の税負担が生じないことや税負担が生じても僅少な場合もあります。

また、個人が受け取る金額が少ない場合、退職金として受け取る場合には所得税の負担が少なくなる場合もあるため、税負担と手残額については個々の状況に応じて検証が必要です。

(ii) その他のメリット

不動産の売却に伴い事業の廃止を検討している場合には、不動産M＆Aをお勧めします。会社を廃業するためには、清算・結了の手続きを行う必要があります。具体的には、会社の資産、負債を全て清算し、最終的に会社に残余財産がある場合には株主に分配を行います。そのための事務手続きや法務局への登記申請手続きを行う必要があり、残余財産の分配が完了するまで会社を閉じることはできません。事務負担、コスト、専門的な知識など通常とは異なる負担が生じることになります。

一方で不動産M＆Aの場合には、対象不動産を所有する廃業予定の会社（株式）を買手に売却するため、精算結了の手続きを経ることなく事業を廃止することが可能です。

② 買手側のメリット

対象不動産そのものを購入した場合には、登録免許税や不動産取得税が発生しますが、不動産M＆Aの場合には売買の対象は株式のためこれらの費用は発生しません。

また、対象不動産を現物で購入した場合、不動産の所有者が法人から買手に変わるため既に締結されている賃貸借契約をはじめ各種契約の変更手続きが必要になりますが、不動産M＆Aであれば不動産の所有者に変更がないため契約関係の変更手続きは不要です。

3 不動産M&Aのデメリット

① 売手側のデメリット

M&Aについては一昔前に比べると広く認知されてきましたが、一般の不動産売買に比べて買手を見つけるのが難しい一面があります。また、法人を売買の対象としますので、通常の不動産取引で行われる調査以外に法人そのものの調査（デューデリジェンス）が必要になるため、売却先が限定されたり、売却までに時間を要する懸念があります。

② 買手側のデメリット

買手は法人（株式）を購入することとなるため、対象不動産だけでなく、その法人が所有する全ての資産負債を引き継ぐことになります。決算書上に記載のない簿外債務も全て引き継ぐことになるため、その法人の財務、税務、法務、労務など隠れたリスクがないか専門家に依頼して調査を行うことになります。弁護士、税理士、社会保険労務士などの専門家に依頼するためには多くのコストを要することが想定されます。その他にも、不動産M&Aを行う場合にはM&A専門の仲介業者にアドバイザリー業務を依頼するため、一定の報酬が発生します。十分に考慮したうえで不動産M&Aを実行しないと思わぬコストやリスクを被るケースがあることを理解しておく必要があります。

4 不動産の法人化と不動産M&Aの留意点

不動産の法人化を実行した後､将来的に賃貸用建物を売却する場合には、法人が所有する当該賃貸用建物を買手に直接売却するか、不動産M&Aとして法人ごと売却するか選択することが可能です。どのような形態で売却するかによって個人に残るお金には大きな差が生じるケースが想定されるため、具体的な売却活動に入る前に専門家に相談したうえで今後の進め方を検討しましょう。

第 4 章

その他の個別論点

SECTION 27

賃貸用建物の時価

個人から法人へ賃貸用建物を譲渡する際の売買価額はどのように決定すればよいのかという疑問が生じます。

賃貸用建物を譲渡する個人の所得税の側面からみてみると、時価の2分の1未満の低い価額で賃貸用建物を法人に譲渡した場合には、その賃貸用建物を時価で譲渡したものとみなして譲渡所得税が計算される規定が設けられています(所得税法59条)。また、時価よりも高額で譲渡した場合には、時価との差額については給与所得や一時所得として取り扱われます。

一方で法人側では、賃貸用建物を時価よりも低い価額で購入した場合には、適正価額との差額が受贈益として益金の額に算入されます。時価よりも高額で取得した場合には、時価との差額は寄附金として取り扱われるため、一定の限度額を超えた部分に関しては損金の額に算入されません（法人税法37条)。

このような課税が生じないようにするためには、適正な時価で取引を行う必要があります。特に個人と株主の大半がその親族である法人との取引については、利益の付替えや行き過ぎた節税の意図から売買価額の設定に恣意性が介入することが容易に考えられるため、取引価格についてはより慎重な判断が求められますが、所得税法ならびに法人税法には、建物の取引した場合における適正な価額を評価する方法に関する具体的な規定は設けられていません。

したがって、賃貸用建物の適正な時価を求めるためには、譲渡する時点におけるその建物の現況を考慮し、合理的かつ適切な評価方法によって求める必要があります。この合理的かつ適切な評価方法の例として、下記に掲げる方法があります。

1 固定資産税評価額

固定資産税における価格は、「適正な時価」とされています（地方税法341条5項）。建物については、不動産の買入価格や建築工事費ではなく、固定資産評価基準に基づいて、評価の時点において、評価の対象となった建物と同一のものをその場所に新築するものとした場合に必要とされる建築費を求め、その家屋の建築後の経過年数に応じた減価を考慮してその建物の価格が求められています（再建築価格方式）。

2 相続税評価額

相続税法22条により「相続により取得した財産の価額は当該財産の取得時の時価による」とされおり、その具体的な算定方法は財産評価基本通達に定められています。建物の評価については、原則として固定資産税評価額とされていますが、賃貸用建物の場合には、借家権や賃貸割合などその利用状況に応じて一定の斟酌率が考慮された上で評価額が求められます。

3 鑑定評価額

不動産鑑定士によって求められる鑑定評価は、実際の社会経済情勢の下で合理的と考えられる市場で形成されるであろう市場価値の適正な価格であり、具体的には不動産鑑定評価基準に基づき、再調達原価、収益還元法、売買実例を基に様々な要因を考慮して評価が行われます。

4 再調達原価

譲渡する時点において、その建物を再建築した場合の価額から経過年数に応じた減価償却額を差し引いた価額です（法人税基本通達9-1-19)。

5 未償却残高

取得価額から売却するまでの経過年数に応じた減価償却費額を差し引いた価額です。

SECTION 28

土地の法人化

1 土地を譲渡することのデメリット

不動産の法人化を行う場合には、個人の所有している賃貸用建物のみを法人に譲渡し、土地については法人に譲渡せず個人所有のままにしておくことが一般的です。その理由としては次に掲げるようなデメリットが想定されるためです。

① 所得税の負担

個人が土地を譲渡することで生じる譲渡所得は譲渡収入から取得費と譲渡費用を控除して計算します。取得費は譲渡した土地の購入代金や購入手数料などが該当しますが、先祖代々受け継がれてきた土地や購入時の売買契約書を紛失してしまったこと等によって、その取得費が不明な場合があります。そのような場合には売却金額の5%相当額を取得費とすることができます。言い換えると、取得費が不明な場合には、譲渡所得は売却金額の95%から譲渡費用を控除して計算されることになるため、所得税の負担が大きくなってしまいます。

② 土地の購入資金

法人側では、賃貸用建物の購入資金に加えて土地の購入資金を用意しなければなりません。土地を購入することで地代の支払いはなくなりますが、賃貸用建物から生じる賃料については、その賃貸用建物の間取りや立地、近隣相場などを総合的に考慮した上で決定されるため、土地の購入コストを単純に賃料に上乗せするということは現実的ではありません。したがって、土地を購入した場合には建物だけを購入した場合に比べて収支面や資金繰りは悪くなることになります。このような理由からも不動産の法人化において土地を購入するケースは限定的と思われます。

また、金融機関から資金調達するにあたっては、資金繰りや収支面の良し悪しは融資の審査や条件に影響します。

③　相続税の増加

不動産の法人化で賃貸用建物を法人に譲渡した場合には、個人と法人の連名で無償返還届出を提出し、賃貸借契約を締結すること一般的です。この場合の当該土地の評価については、貸宅地として自用地価額から借地権20%を減額した価額となります。

相続税の計算上における土地の評価は路線価等を基に行いますが、その価額は地価公示価格水準の80%程度とされていますので、仮に時価を100とすると相続税評価における自用地の評価が80となり、さらに貸家建付地として20%ほど減額したと仮定するとその評価額は64となります。

一方で、個人の所有する賃貸用建物の敷地の用に供されている土地もあわせて法人に譲渡した場合には、個人の相続財産はその土地から売却代金に変わります。したがって、個人の相続財産は、賃貸用建物の敷地の用に供されている土地（64）から、その土地の時価である売却代金（100）になるため、結果として相続財産が増加することになります。当該土地に関して貸付事業用の小規模宅地の特例を適用する場合には、200㎡まではその評価額から50%減額できることから、当該土地を譲渡したことによる相続財産及び相続税の増加の幅はさらに大きくなります。

2 土地を譲渡することのメリット

一方で、土地を法人化することのメリットとして次のようなことが考えられます。土地についても法人に譲渡する方がよいこともあるため、状況に応じて判断しましょう。

① 遺産分割及び納税資金の対策

土地を法人に譲渡することで個人の財産は土地から現金に変わるため、将来の相続が発生した際に遺産分割が容易になります。また相続税の納税資金としても充当できますので、納税資金対策としても有効な手法です。

② 権利関係の整理

賃貸用建物のみを法人に譲渡した場合には、個人と法人の間で土地の賃貸借に係る地代及び借地権に関して取り決めを行うことになります。その個人に将来相続があった際にその土地は相続人に引き継がれますので、相続を繰り返すことで土地が共有になることや法人と土地の所有者の関係性が薄れることがあります。当初は合意したはずの契約内容も、世代が変わることをきっかけにトラブルになる可能性もゼロではありません。また、将来の売却を含め土地の所有者の合意が必要となった際に、交渉に時間を要することも予想されます。土地を法人に譲渡することで土地建物の所有者が法人になるため、今後の土地建物に関する意思決定を法人単独で行うことができ、将来に渡って安定的な経営が可能になります。

③ 取得費加算の特例

相続等により土地を取得した者が、その相続税の申告期限の翌日以後3年を経過する日までにその土地を譲渡した場合には、支払った相続税のうち一定の金額を譲渡所得の計算において取得費に加算することができます。ただし、その土地を取得した人に相続税が課されていない場合には、支払った相続税がないためこの特定の適用はありません。また、この特例の適用を受けるためには、確定申告書に一定の書類を添付することが必要です（租税特別措置法39条）。

土地を法人化する際のデメリットの1つとして譲渡所得税の負担の問題がありますが、相続で取得した土地を相続税の申告期限から3年以内に譲渡した場合には、取得費加算の特例によって譲渡所得税の負担が解消又は軽減されることもあります。

SECTION 29

社会保険の加入

1 社会保険とは

日本国内に住んでいる20歳以上の人は、国民年金や厚生年金保険などの公的年金制度や健康保険などの医療保険制度に加入することが義務付けられています。このうち、会社で働く人を加入対象としているのが、厚生年金保険や健康保険などで、これらを総称して「社会保険」といいます。

① 加入対象者

株式会社などの法人に勤務している人のうち、フルタイムで働く人及び週所定労働時間及び月所定労働日数がフルタイムで働く人の4分の3以上の人は、社会保険の加入対象となります。例えば、フルタイム勤務の1日の勤務時間が8時間の場合には、1週間（月曜日から金曜日までの5日間）の週所定労働時間は40時間になります。この場合、週所定労働時間40時間の4分の3にあたる30時間以上勤務する場合には社会保険の加入対象となります。なお、パートやアルバイトといった正社員以外の人も社会保険の加入対象となります。また、代表者1人のみの法人も社会保険の加入対象となります。

② 社会保険に加入するメリット

(i) 将来もらえる年金額の増加

厚生年金保険に加入すると、全ての国民が加入する国民年金に加えて、在職中に支給される給料の額に基づいて計算される厚生年金を受け取ることができるため、将来もらえる年金が増加します。政府広報オンラインのホームページに掲載されている資料によると、厚生年金保険に40年間加入して毎月約8,100円の保険料を納めた場合には、将来受け取る年金額は毎月1.9万円増加すると紹介されています。

(ii) 万一の際に支給される年金額の増加

厚生年金保険の加入期間中に、病気や怪我によって仕事ができなくなった場合には、障害基礎年金に加えて障害厚生年金が支給されます。国民年金のみの場合に支給される障害基礎年金は、障害等級が1級又は2級の場合に限り支給されますが、厚生年金にも加入している場合には、障害等級3級の場合であっても障害厚生年金が支給されます。また、加入者が死亡した場合には、その遺族に対して遺族基礎年金に加えて遺族厚生年金が支給される仕組みとなっています。

(iii) 健康保険の給付内容

病気や怪我をした場合に受けることができる医療給付の内容は、各医療保険制度共通で基本的に本人・家族で給付の内容に差はありません。健康保険に加入している場合には、病気や怪我、出産などで仕事を休んだ場合に傷病手当金や出産手当金として、給料の3分の2程度の給付を受け取ることができるため、国民健康保険に比べて保証内容に差があります。

(iv) 保険料の半分を会社が負担

国民年金や国民健康保険では、被保険者である個人が保険料の全額を負担します。一方で、社会保険の場合には、保険料を個人と会社で半分ずつ負担します。そのため個人は、実際の掛金よりも少ない負担でより多くの保証を受けることができます。

③ デメリット

社会保険に加入した場合には、それまで個人が負担していた国民年金及び国民健康保険に比べて負担する保険料が増加することがあります。また、法人側では社会保険の加入手続きや毎年7月10日に提出する算定基礎届け、それに伴う給与計算など事務負担が増加します。また、保険料の半分を会社が負担することになるため金銭的な負担も増加します。

2 まとめ

不動産の法人化で設立した法人で勤務した場合には、原則として社会保険の加入対象となります。国民保険や国民健康保険に比べて保証が充実している一方で、保険料や事務手続き面の負担は増加します。社会保障の制度に関する詳細についてはお近くの年金事務所や社会保険労務士などの専門家に相談しましょう。

SECTION 30

金融機関から融資を受ける際の留意点

不動産の法人化を行う際には、個人から法人へ賃貸用建物を譲渡するため、法人はその賃貸用建物を購入するための資金が必要となります。法人がその購入資金を自己資金のみで賄うことは難しい場合には、金融機関からの資金調達が必要になります。

金融機関から資金調達をするためには、金融機関の審査をクリアしなければなりません。金融機関の融資は債務者の返済能力の有無を中心に様々な観点から審査が行われます。参考として金融機関の審査項目をいくつか紹介すると下記のとおりですが、金融機関ごとに審査基準が異なりますので、融資を受ける際にはその金融機関にあわせて対応してください。

1 事業計画書

金融機関から資金調達を行う場合には、賃貸用建物を購入した場合の事業計画書を作成することをおすすめします。事業計画を作成するにあたっては、事業収支、資金繰り、タックスプランニングなど事業計画に必要な項目を記載していきます。自分の頭の中で描いているプランを具体化し作成することで、想定している事業計画が無理や矛盾のないものになっているかどうか客観的に把握することができます。また、事業計画書に記載した内容については、金融機関から説明を求められることもありますので、客観的な根拠を基にした計画書であることが大切です。

また、当初想定していなかった要因が判明した場合には、事業計画書のアップデートを行いましょう。

2 業績

金融機関は融資の可否について法人の返済能力を中心に考慮しますので、賃貸用不動産を購入した後の事業計画だけでなく、現時点での法人の業績も審査に影響します。その判断にあたっては直近含め過去数期分の決算書や法人税申告書などの提出が求められます。

審査項目は金融機関や担当者によっても異なりますが、損益計算書の売上高や利益、貸借対照表の各項目を中心に法人の業績を判断しているケースが多いと思われますので、仮にその法人の業績を適切にあらわさない項目がある場合にはあらかじめ金融機関の担当者に伝えておきましょう。

よくあるケースとしては､特別損失によって赤字になっている場合です。その特別損失の内容が事業とは無関係の固定資産の売却による一時的な損失であればその法人の業績には直接影響がなく、キャッシュアウトも生じないため資金繰りに関しても悪い影響は及ぼしません。また、貸借対照表に支配株主及びその親族である役員からの借入金があるについても、返済が猶予されている場合には資金繰りに影響しませんので、純資産の計算においてその役員借入金を負債の部から除外して計算することは問題ないと思われます。一方で、支配株主に対する貸付金がある場合には、その回収の可能性によっては資産として取り扱うことは難しいため純資産の計算上は資産として認められないことも考えられます。また修正申告を行った場合には、どのような経緯で修正申告に至ったのか、その後の業績にはどのように影響を与えているのかなど説明しておくことで審査がスムーズに進むものと思われます。

3 担保

金融機関から融資を受ける際にはそれに見合った担保を提供することに

なります。担保とは、その融資の返済が滞った際に備えて、金融機関があらかじめ弁済確保のために債務者から提供されるものをいいます。不動産の購入資金のための融資であれば、まず当該不動産の担保価値を査定し、融資額を上回る担保価値があれば金融機関としては回収に係るリスクを回避できるため、融資に対して前向きな回答が得られる可能性が高くなると思われます。逆に担保価値が融資額を下回る場合には、その法人が所有する当該不動産以外の資産に担保設定が求められたり、その法人に相応の担保価値のある資産がない場合には、その法人の代表取締役やその親族の個人資産に対して担保設定や個人保証が求められるものと思われます。

4 税金の滞納

融資を申し込む際に提出を求められる書類の1つに納税証明書が挙げられます。この証明書は未納となっている税金がないか確認する以外にも、納税額や所得金額を確認することができます。過去に税金の滞納があった場合には当然審査にも影響を及ぼします。滞納に至った経緯や将来の業績にどのように影響を与えるのかなど事前に説明することで審査がスムーズに進むものと思われます。

5 個人の資産背景

前述のとおり、法人の業績、担保状況、事業計画などを総合判断して融資の審査は行われます。担保の箇所でも触れましたが、代表者個人の収入や資産背景などの属性によっては審査が通りやすくなることもあります。例えば、代表者の個人資産を担保提供することを条件に融資が決定することもあります。また、代表者個人が当該法人に対する融資の保証することで返済が滞った際のリスクを解消できるため、代表者である個人の資産や収入が多い場合には融資に関して有利に働くものと思われます。

SECTION 31

国外不動産と不動産の法人化

1 税制改正前の状況

① 国外不動産を活用した節税スキーム

数年前まで、国外の中古賃貸用建物を購入し、その減価償却を活用して節税を図るスキームが横行していました。これは減価償却資産の耐用年数の計算方法に着目し、国外の中古賃貸用建物の減価償却費を多く計上して国外の中古不動産から生じた損失を他の所得と損益通算することで、所得税の負担の軽減を目的としたスキームです。

② 日本と欧米の住宅の比較

欧米の建物の使用年数は日本の建物に比べて非常に長く、国土交通省の資料によると、住宅を建築してから取り壊すまでの平均年数は、日本が約32年になのに対してアメリカは約66年、イギリスでは約80年となっていて、日本の住宅に比べて長期間使用されている状況となっています。また、住宅の販売市場全体に占める中古住宅の割合は、日本が14.7%であるのに対して、アメリカやイギリスは80%を超えています。また、価格の面でみてみると、日本の住宅は、築後20年を経過すると価値が大きく下がる傾向にあるのに対して、アメリカ及びイギリスの住宅は中古住宅の価値が下がりにくく、新築との価格差も小さくなっています。

③ 減価償却費の計算

減価償却費の計算における耐用年数は、耐用年数省令に基づいて資産の種類及び構造に応じて定められた耐用年数（以下「法定耐用年数」といいます）によって定められています。国外の建物に対しても国内と同じ税制が適用されるため、取得した国外の建物の種類及び構造に応じてその耐用年数を判定することになります。

新築の木造住宅用の建物の法定耐用年数は、耐用年数省令によると22年です。一方で中古の木造住宅用の建物については、その法定耐用年数に代えて、その事業の用に供した時以後の使用可能期間として見積もることのできる年数を耐用年数として減価償却費の計算に用いることができます。ただし、その使用可能期間の見積もりに多額の費用を要するなどその見積もりが困難な場合には、次の簡便法により計算した年数（1年未満の端数については切捨て）を耐用年数とすることも可能です。

【簡便法】

中古資産の経過年数	簡便法による耐用年数
法定耐用年数の全部を経過した中古資産	法定耐用年数×20%
法定耐用年数の一部を経過した中古資産	法定耐用年数－経過年数＋経過年数×20%

法定耐用年数（22年）を経過した中古の木造住宅用建物の耐用年数を簡便法により計算すると、22年×20%＝4.4年となります。1年未満の端数については切り捨てられるため、簡便法により計算した耐用年数は4年になります。

④ まとめ

日本に住んでいる個人が所有する国外の中古住宅から生じる賃貸収入に係る所得税の計算については、日本の所得税法の取扱いが適用されます。前述のとおり、国外の建物は使用年数が非常に長く、中古住宅の価値も新築とさほど変わりませんので、物件によってはこの中古住宅の減価償却費が賃貸収入を上回り損失が発生します。この不動産所得から生じた損失を給与所得と損益通算することで所得税の負担を軽減させる事例が散見されていました。

2 国外中古建物の不動産所得の損益通算の取扱い

令和3年度の所得税の計算から、国外中古建物の不動産所得がある場合において、その年の不動産所得の金額の計算上生じた損失の金額がある場合には、その損失のうち耐用年数を簡便法により計算した国外中古建物の減価償却費に相当する部分の金額については、その損失は生じなかったものとみなされることになりました。この損失については、他の国外にある不動産から生ずる不動産所得の金額とは内部通算することはできますが、国内にある不動産から生じる不動産所得との内部通算はできなくなりました。その他に給与所得等の不動産所得以外との所得との損益通算もできませんので、所得税の計算する際には注意が必要です。

見積法により耐用年数を算定する場合には、国内にある不動産から生じる不動産所得との内部通算や、給与所得等の不動産所得以外の所得との内部通算は可能ですが、その場合には、その建物の所在国の法令などの書類や不動産鑑定士等の鑑定書などその使用可能期間の年数が適切であることを証する一定の書類を確定申告書に添付しなければなりません。

【損益通算等の規制の対象となる国外不動産所得の損失の額】

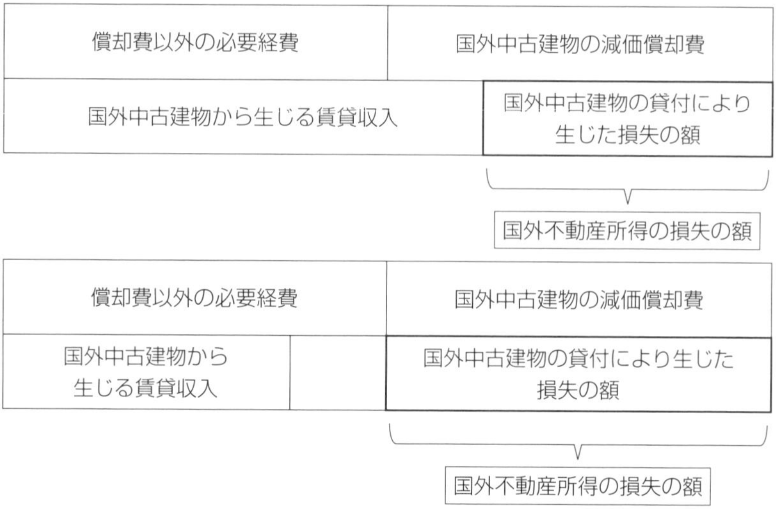

3 国外中古建物を譲渡した場合の取得費の取扱い

建物の譲渡所得の計算上控除する取得費については、その建物の取得費から減価償却費相当額が控除されます。しかしながら、上記2の国外中古建物の不動産所得の損益通算の規定の適用を受けた国外中古建物を譲渡した場合、取得費から控除される「減価償却費相当額」からは、その生じなかったものとみなされた損失の金額に相当する金額が控除されます。

4 税制改正後の不動産の法人化

この国外中古建物の不動産所得の損益通算の規定は、所得税の計算の際に適用されるため、不動産の法人化により個人から法人が取得した国外中古建物についてはこの規定の通用はありません。したがって、国外中古建物の耐用年数を簡便法により計算した減価償却費に相当する部分の損失については､その法人の他の事業から生じた益金と相殺することができます。

また、前述3のとおり、不動産の法人化で国外中古建物を個人から法人に譲渡する際の譲渡所得の計算上、取得費から控除される減価償却費相当額からはその生じなかったものとみなされた損失の金額に相当する金額が控除されるため、個人の譲渡所得の金額はその損失相当額の分だけ減少することから、不動産の法人化の1つの懸念材料である譲渡所得に対する所得税の負担も軽減します。

SECTION 32

不動産の法人化のための試算

1 不動産の法人化

不動産の法人化を行う際には、様々な検証が必要であることをこれまでお伝えしてきましたが、実際に検討する場合には、まずはじめに簡易的な試算を行いましょう。簡易的な試算により所得分散による節税効果の有無を確認することができますので、本格的に分析を進めるか否かの判断材料になります。

① 現状の把握

甲は10年前に一棟の賃貸用建物を購入して不動産賃貸業を営んでいます。甲の現状における収支は次のとおりです。

【甲の現状の収支】

不動産収入	必要経費	所得合計	基礎控除
60,000,000	36,000,000	24,000,000	480,000
課税所得	**所得税**	**住民税**	**税額合計**
23,520,000	6,612,000	2,352,000	8,964,000

この場合、甲が年間で支払う税額は約890万円となります。なお、試算にあたっては下記の事項を前提としています。

・不動産賃貸業以外の収入はない。

・所得控除は基礎控除のみとする。

・復興特別所得税は考慮していない。

・住民税は課税所得の10%として計算している。

②不動産の法人化後

甲は、所有する賃貸用建物を法人Aに譲渡して、所得税の節税を検討しています。法人Aの収入から甲及び配偶者乙、長男丙に役員報酬として所得を分配した場合の個人法人をあわせた収支は次のとおりです。

【不動産の法人化後の収支】

【法人Aの収支】

不動産収入	販管費	役員報酬	地代	当期純利益	法人税等
60,000,000	33,700,000	14,000,000	6,300,000	6,000,000	1,800,000

【甲の収支】

不動産収入	必要経費	不動産所得	給与収入	給与所得
6,300,000	2,200,000	4,100,000	6,000,000	4,360,000
基礎控除	課税所得	所得税額	住民税額	税額合計
480,000	7,980,000	1,199,400	798,000	1,997,400

【乙の収支】

給与収入	給与所得	基礎控除	課税所得	所得税額	住民税額	税額合計
4,000,000	2,760,000	480,000	2,280,000	130,500	228,000	358,500

【丙の収支】

給与収入	給与所得	基礎控除	課税所得	所得税額	住民税額	税額合計
4,000,000	2,760,000	480,000	2,280,000	130,500	228,000	358,500

この場合、法人A及び個人甲、乙、丙が年間に支払う税額の合計は約450万円となります。法人化による所得分散によって、税額で約440万円の節税となります。試算にあたっては下記の事項を前提としています。

(i) 個人甲

・建物の時価及び譲渡価額は残存簿価のため譲渡所得は生じていない。

・建物の譲渡に伴い土地の賃貸借契約を締結し、法人Aとの連名で土地の無償返還届出書を提出している。
・法人Aからの年間の役員報酬は600万とする。

(ii) 配偶者乙・長男丙

・法人Aからの年間の役員報酬は400万とする。
・役員報酬以外の収入はない。
・所得控除は基礎控除のみとする。

(iii) 法人A

不動産賃貸以外の収入はないものとする。

(iv) その他

法人化に伴う各種諸費用は考慮していない。

2 まとめ

本事例は、節税効果があるため不動産の法人化の検討を進めてもよいケースといえます。このように効果が見込まれる場合には、実行の際に発生する具体的な費用を含めて検証を進めたり、キャッシュフローや相続税に与える影響を検証したり、金融機関との交渉を行ったりと段階を踏んで進めていきましょう。

また、検証する際には、想定よりも状況が悪くなった場合でも効果があるか確認しておくことも必要です。不動産の法人化の実行にあたっては大きな費用が発生するだけでなく、一度実行した後には元に戻すことは事実上できませんので、事前にできる限りの準備を行った上で判断するように心がけましょう。

〈参考文献〉

・国税庁ホームページ

・独立行政法人中小企業基盤整備機構ホームページ

・政府広報オンラインホームページ

・財務省ホームページ

・日本公証人連合会ホームページ

・中小企業庁ホームページ

・東京都主税局ホームページ

・「不動産オーナーのための会社活用と税務　4訂版」（著：青木恵一、松岡章夫、吉田幸一　出典：大蔵財務協会）

・「不動産・非上場株式の税務上の時価の考え方と実務への応用　4訂版」（著：渡邉正則　出版：大蔵財務協会）

・「財産評価基本通達逐条解説　令和2年版」（著：宇野沢貴　出版：大蔵財務協会）

・「令和4年度版　図解　消費税」（編：舟木英人　出版：大蔵財務協会）

【著者プロフィール】

岡　隆充（おか　たかはる）

税理士

2004年　早稲田大学商学部卒業。

2014年　都内会計事務所を経て、税理士法人タクトコンサルティング入社。

2020年　税理士法人ベリーベスト入社。

2021年　株式会社YUIアドバイザーズ　コンサルタント就任。

2024年　岡隆充税理士事務所開設。

はじめて検討する税理士のための
賃貸不動産の法人化マニュアル［第２版］
論点整理と税務の基礎

2023年３月20日　初 版 発 行
2024年５月20日　第２版発行

著　　　者　岡　隆充
発　行　者　大坪克行
発　行　所　株式会社 税務経理協会
〒161-0033東京都新宿区下落合1丁目1番3号
http://www.zeikei.co.jp
03-6304-0505
印　刷　所　株式会社技秀堂
製　本　所　牧製本印刷株式会社
デ ザ イ ン　中濱健治
編　　　集　中村謙一

本書についての
ご意見・ご感想はコチラ

http://www.zeikei.co.jp/contact/

ISBN 978-4-419-06992-6　C3034